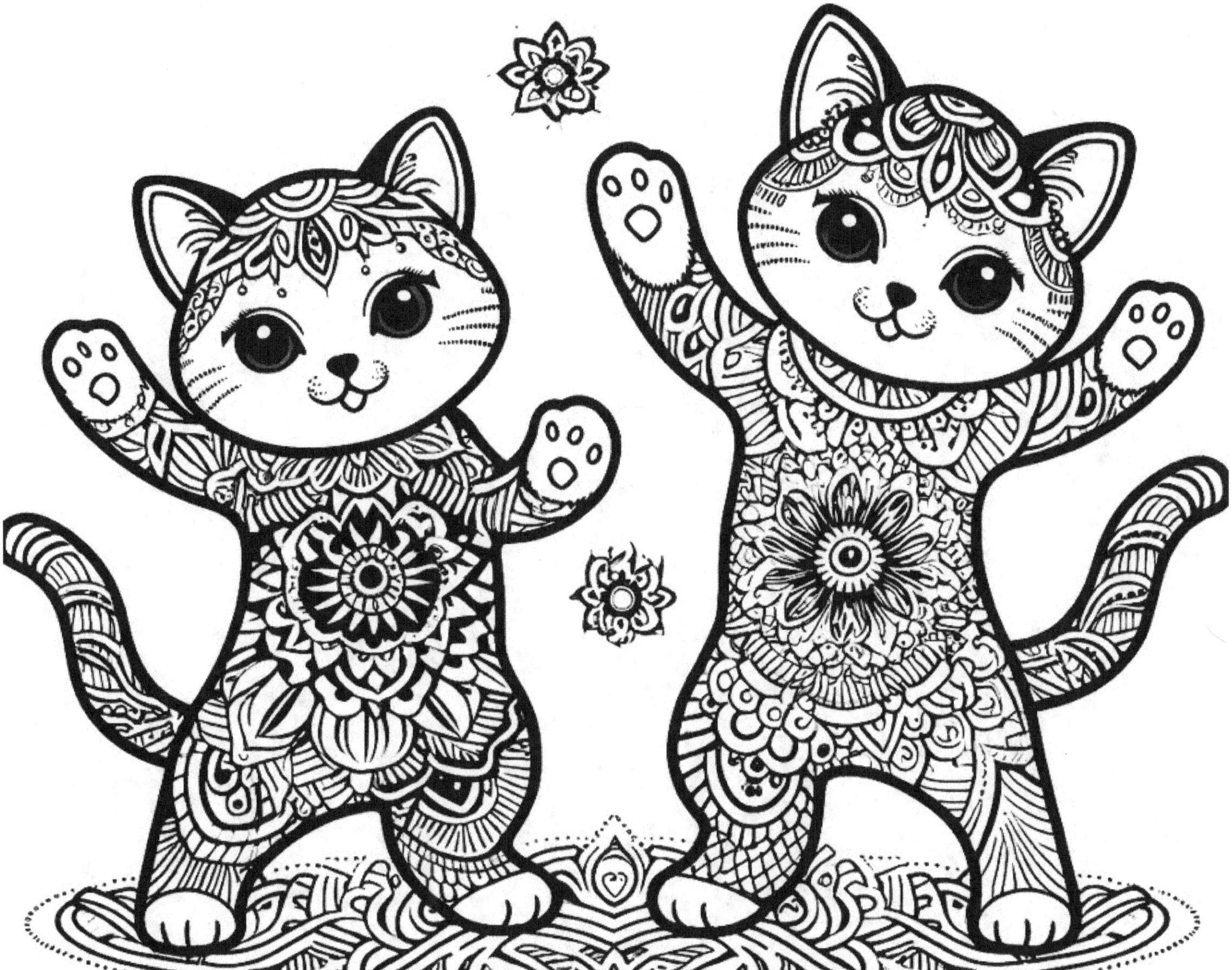

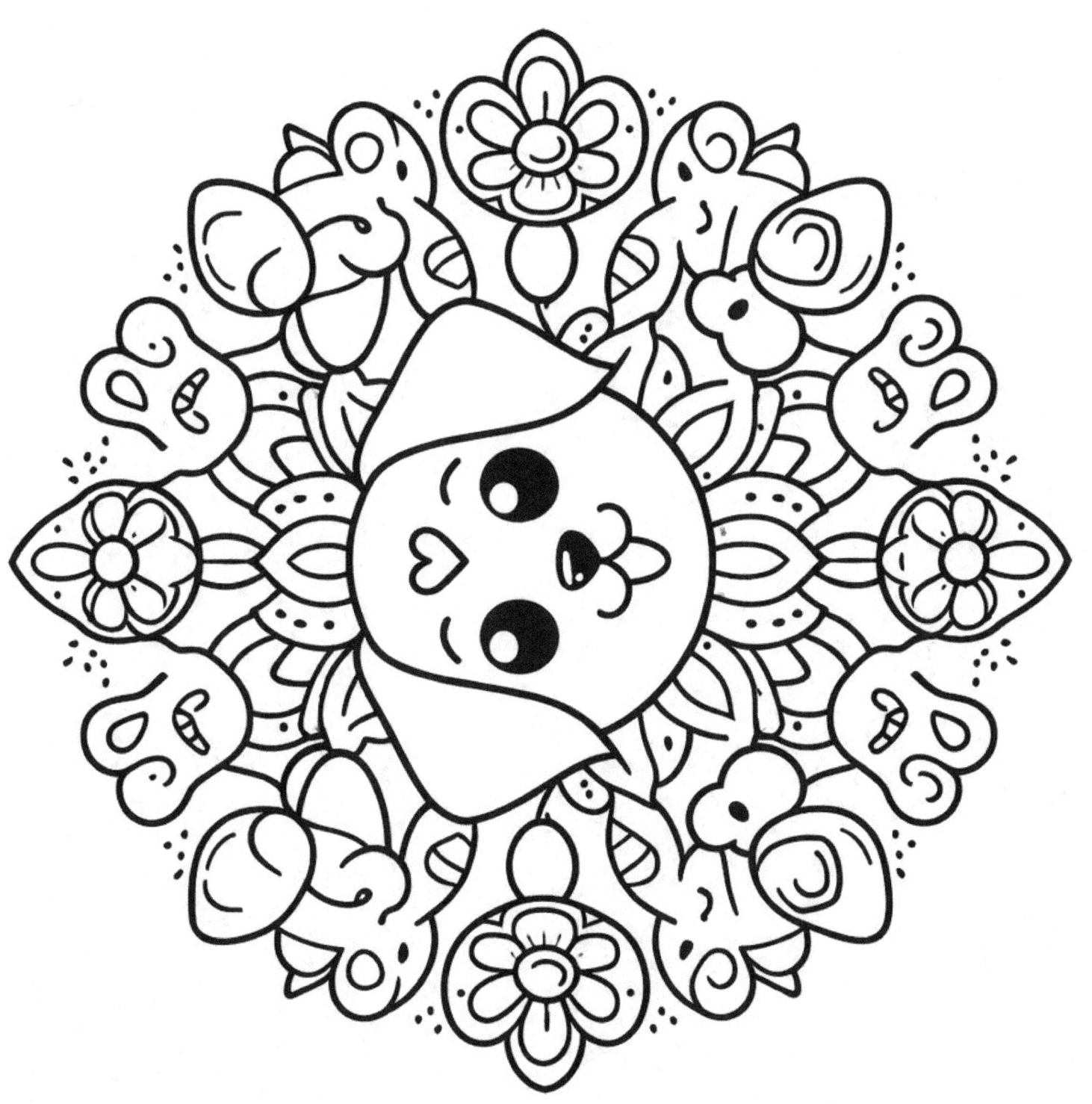

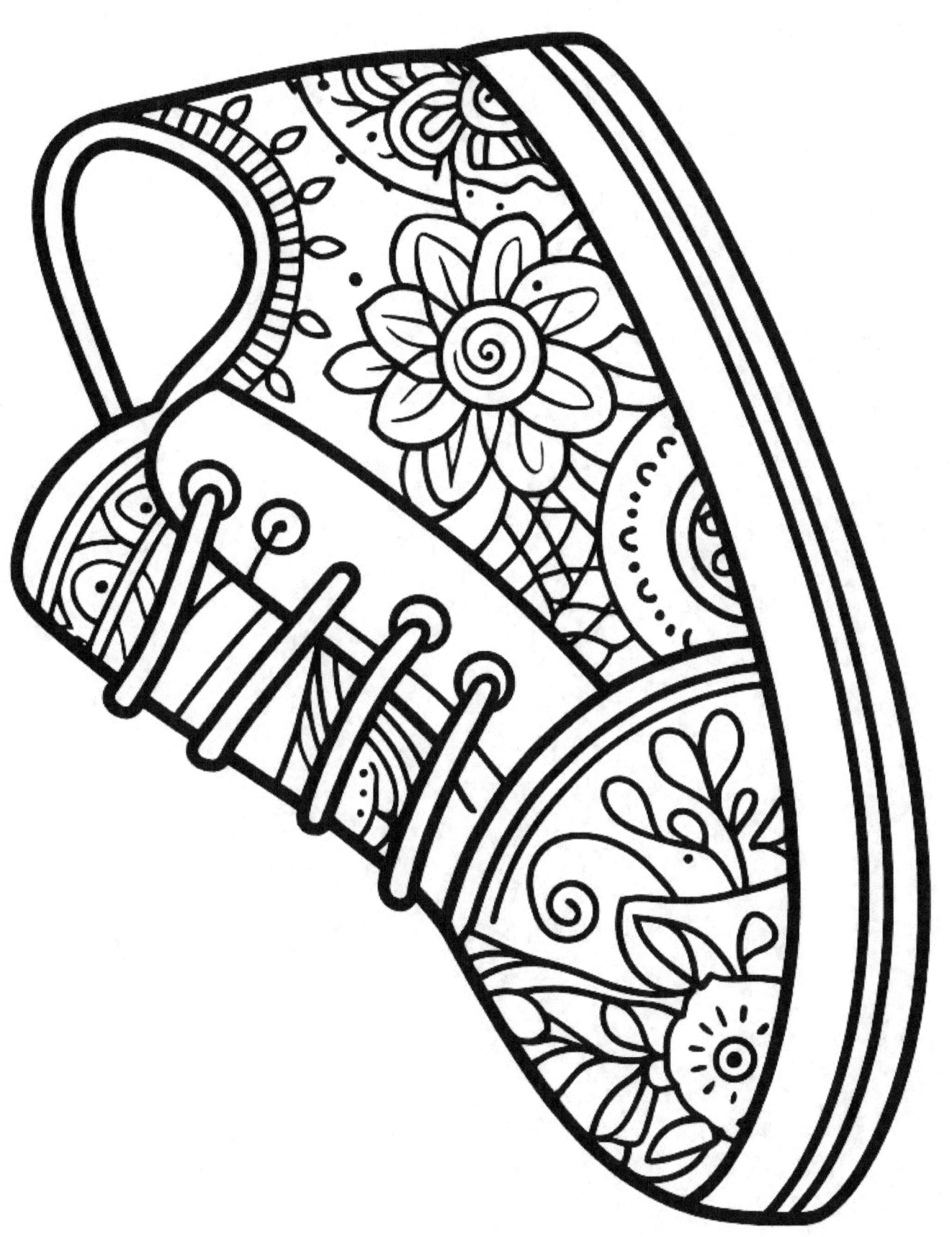

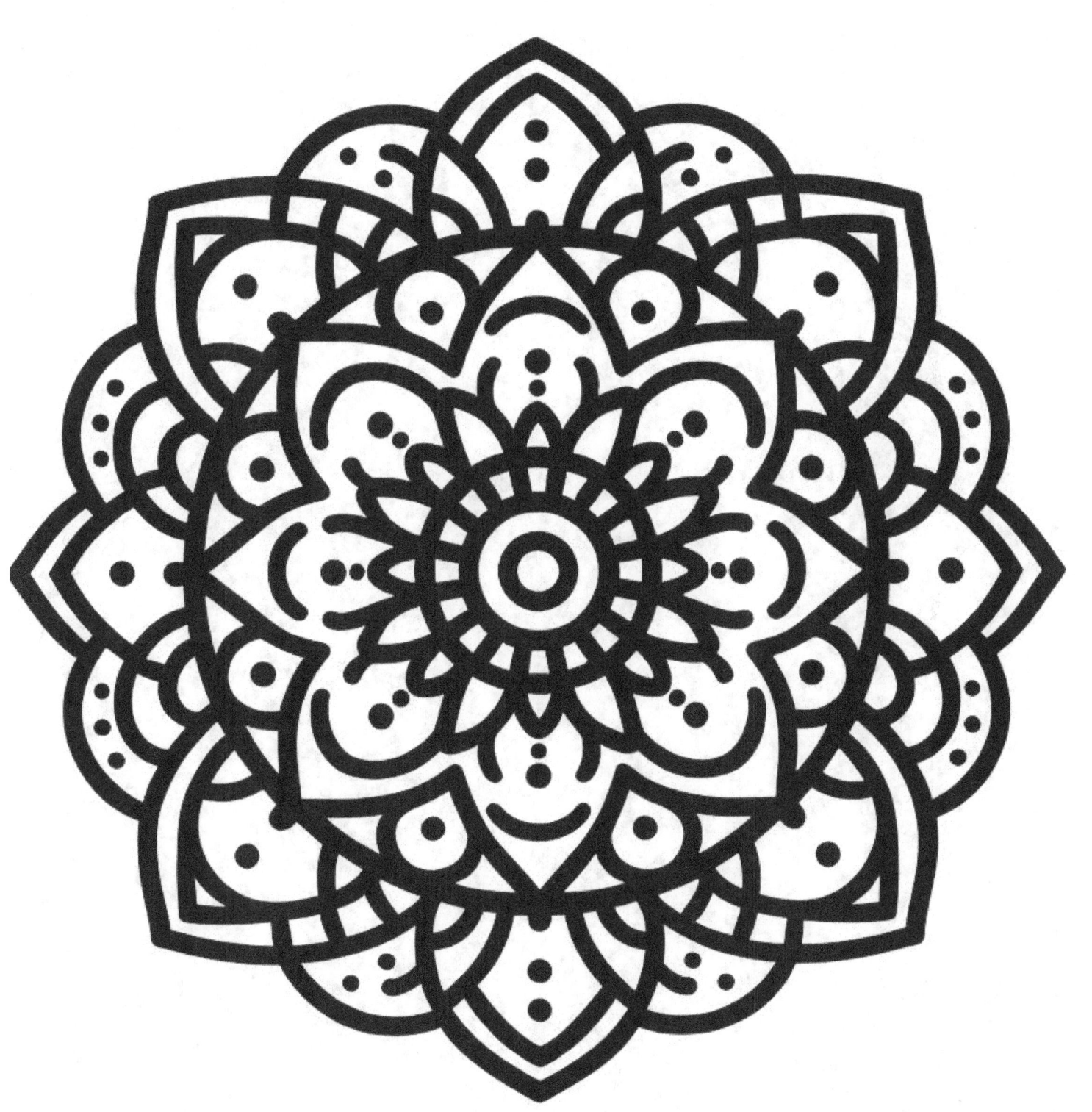

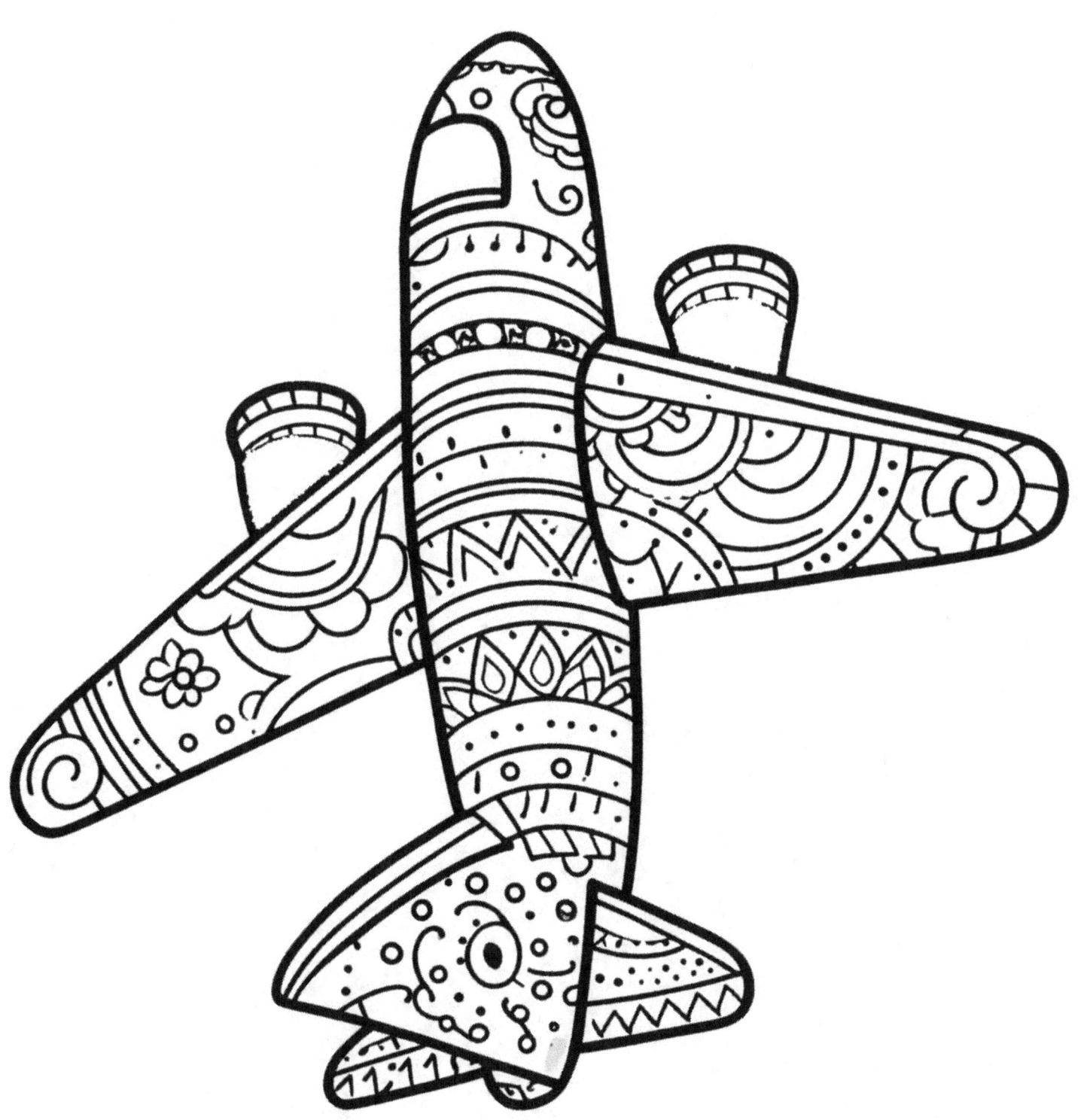

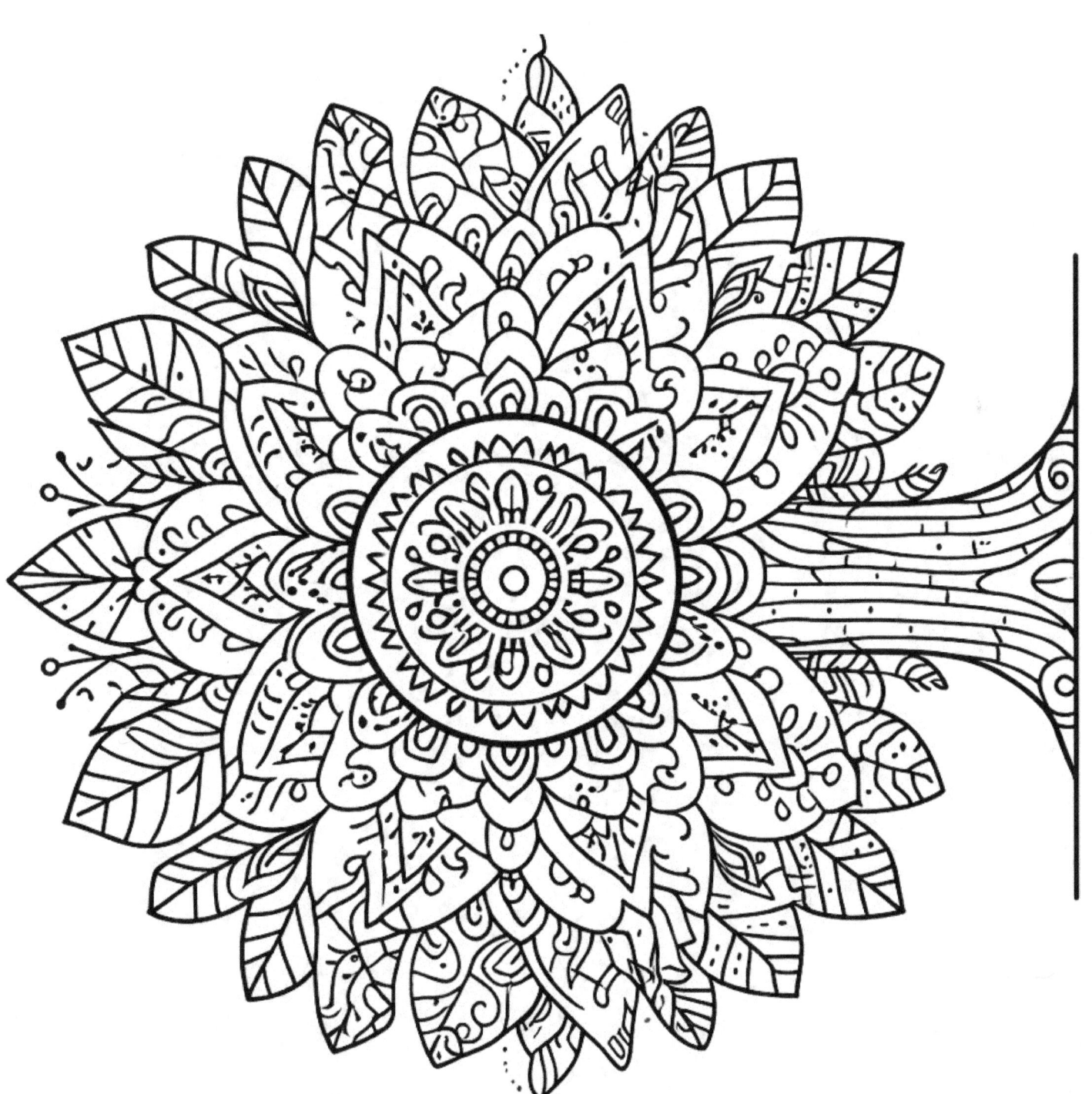

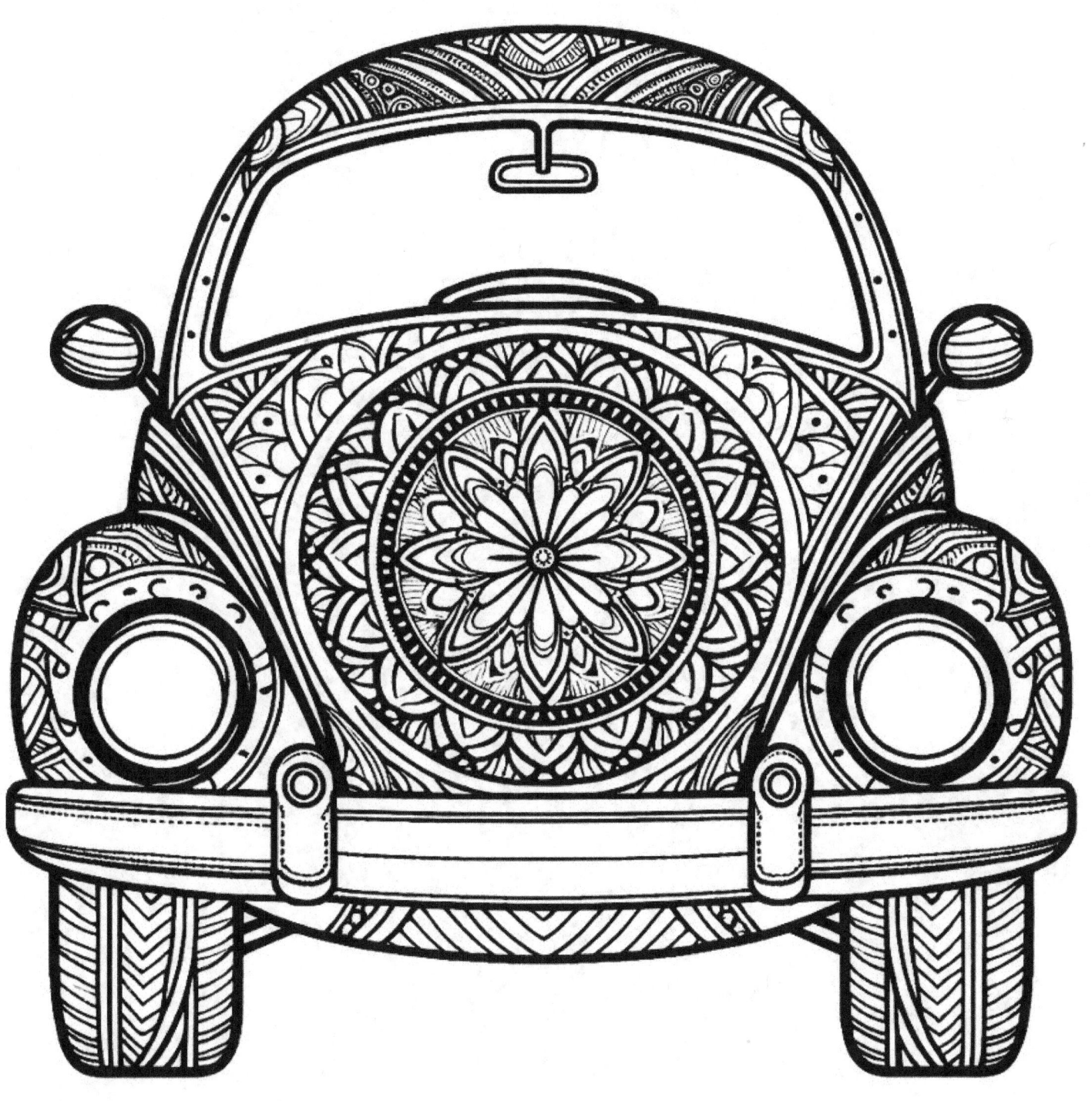

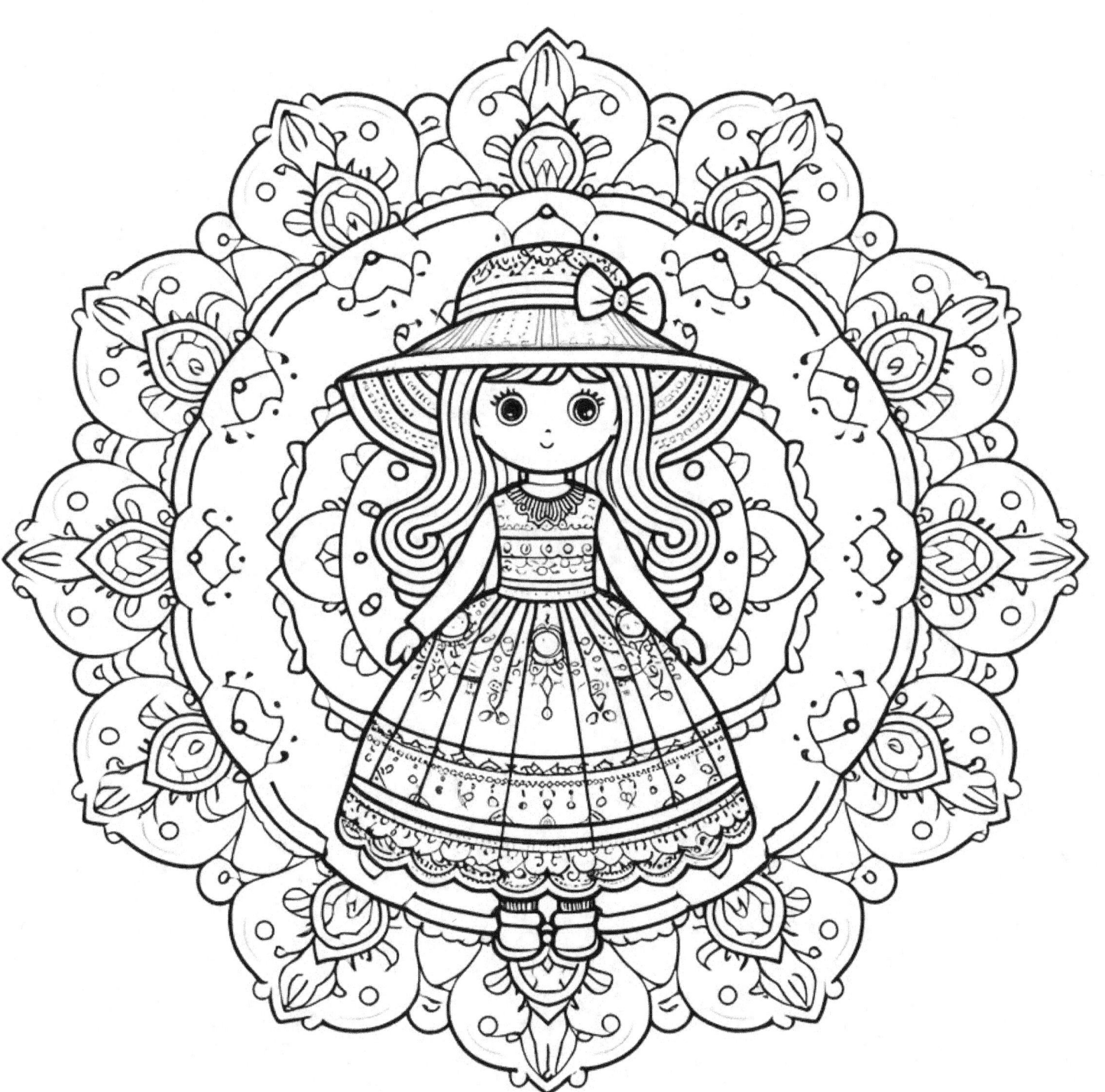

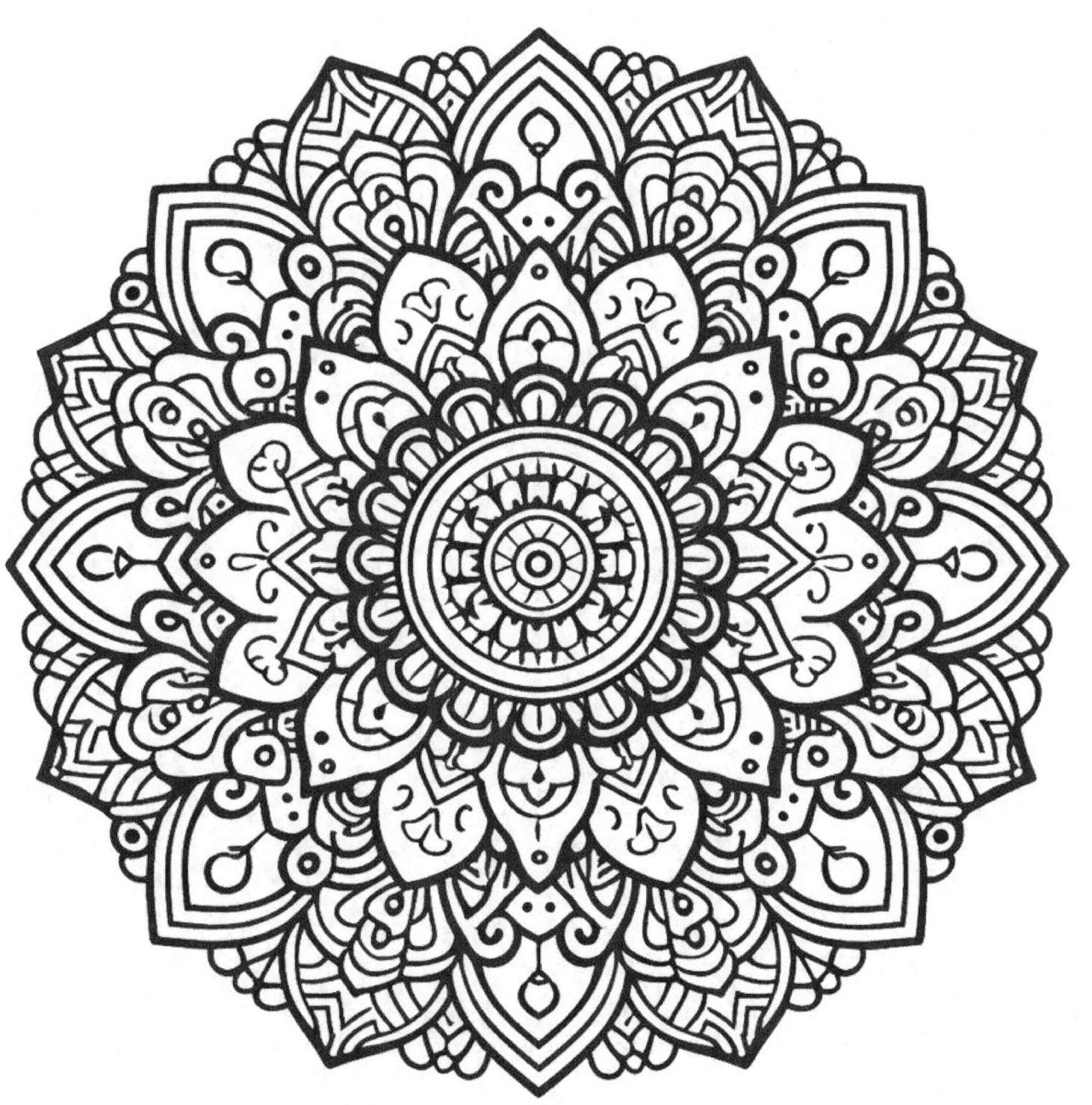

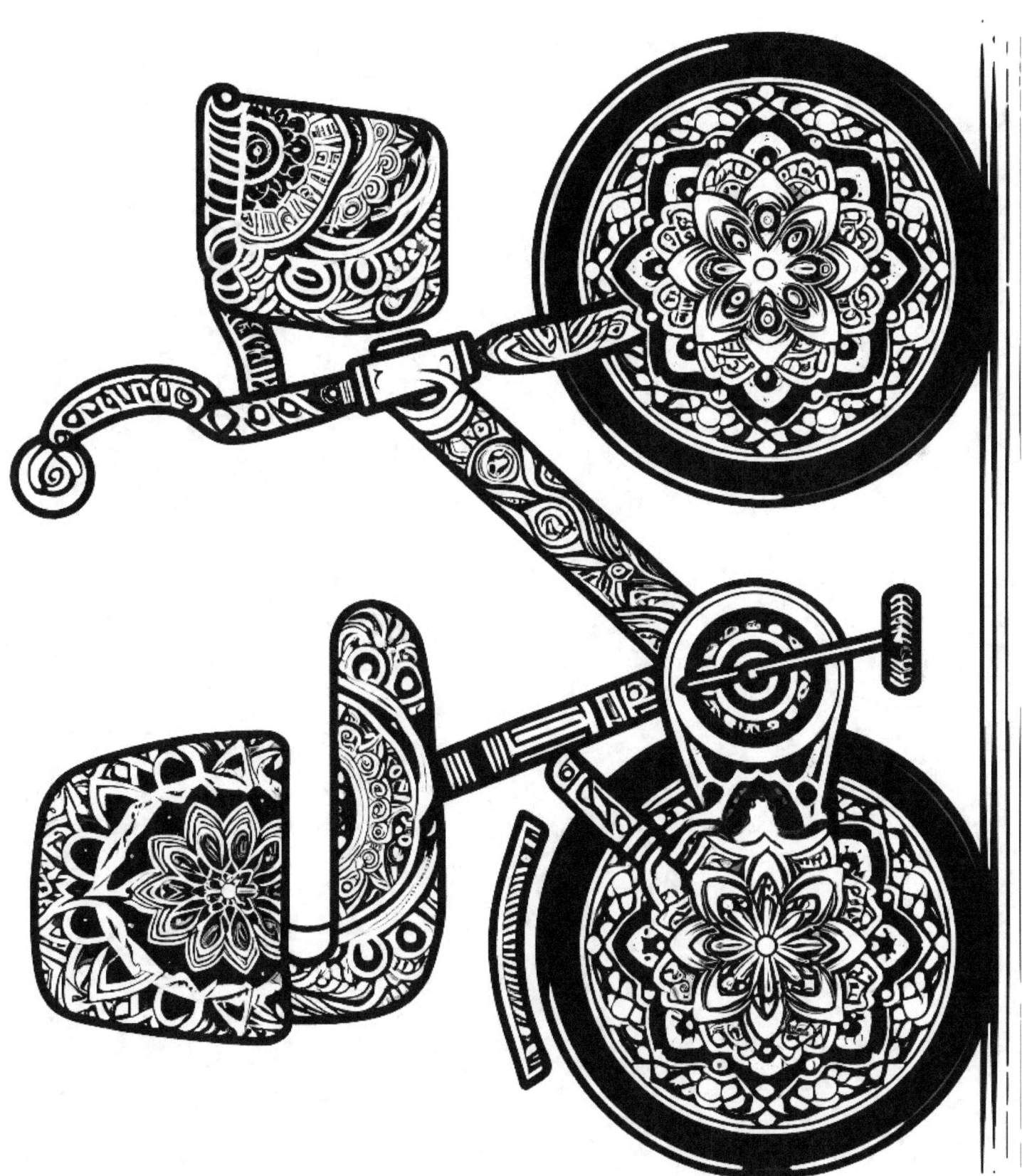

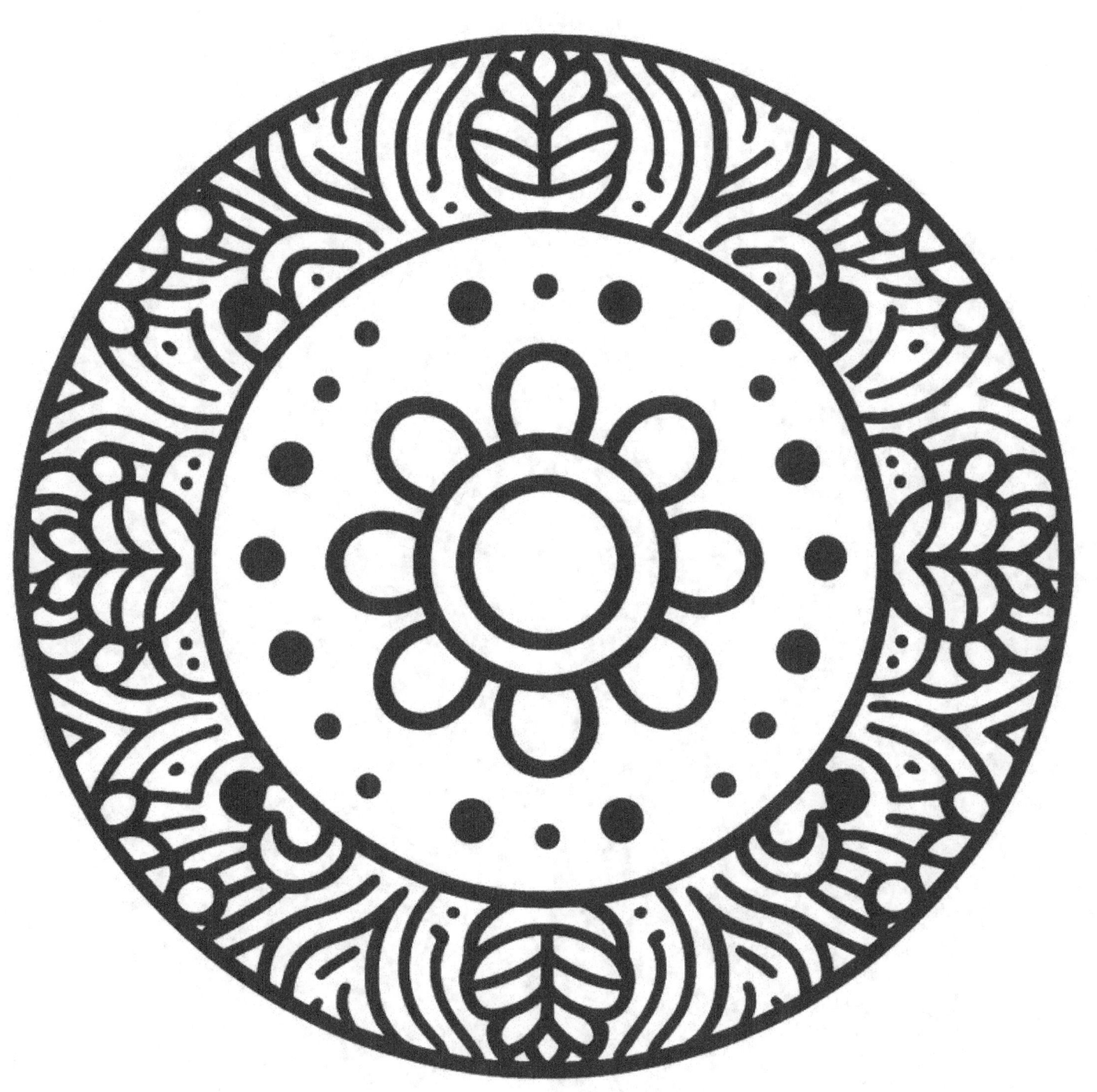

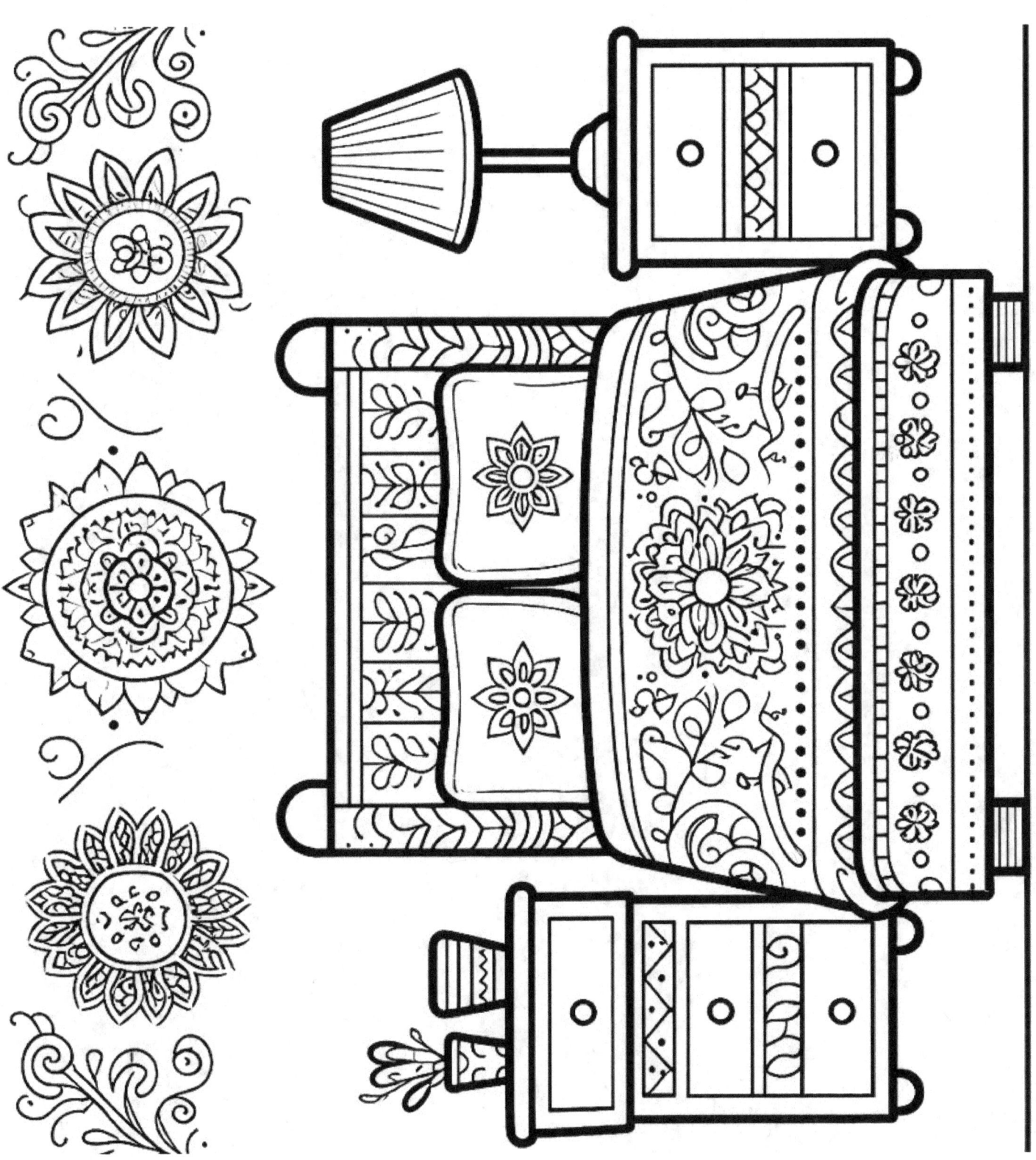

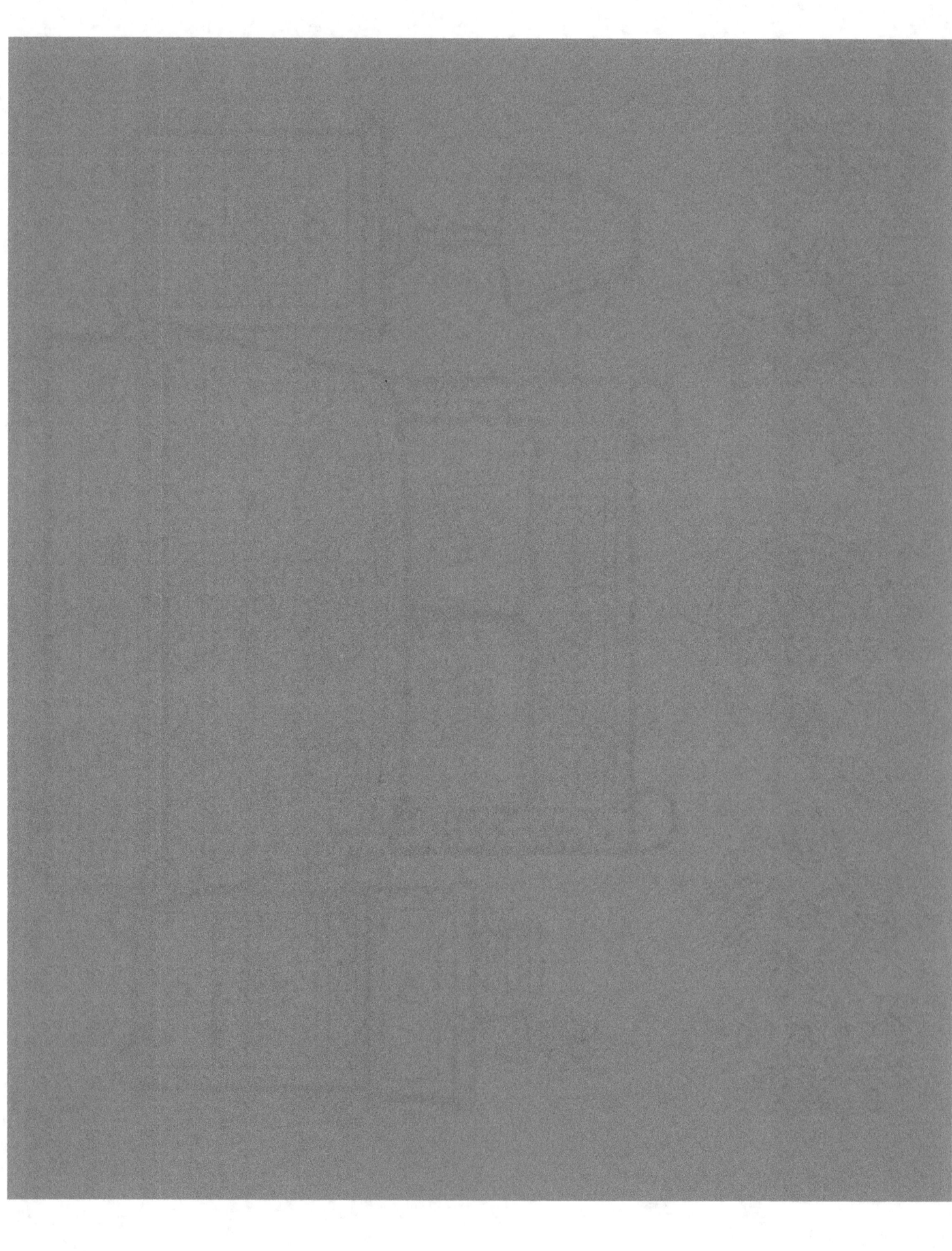

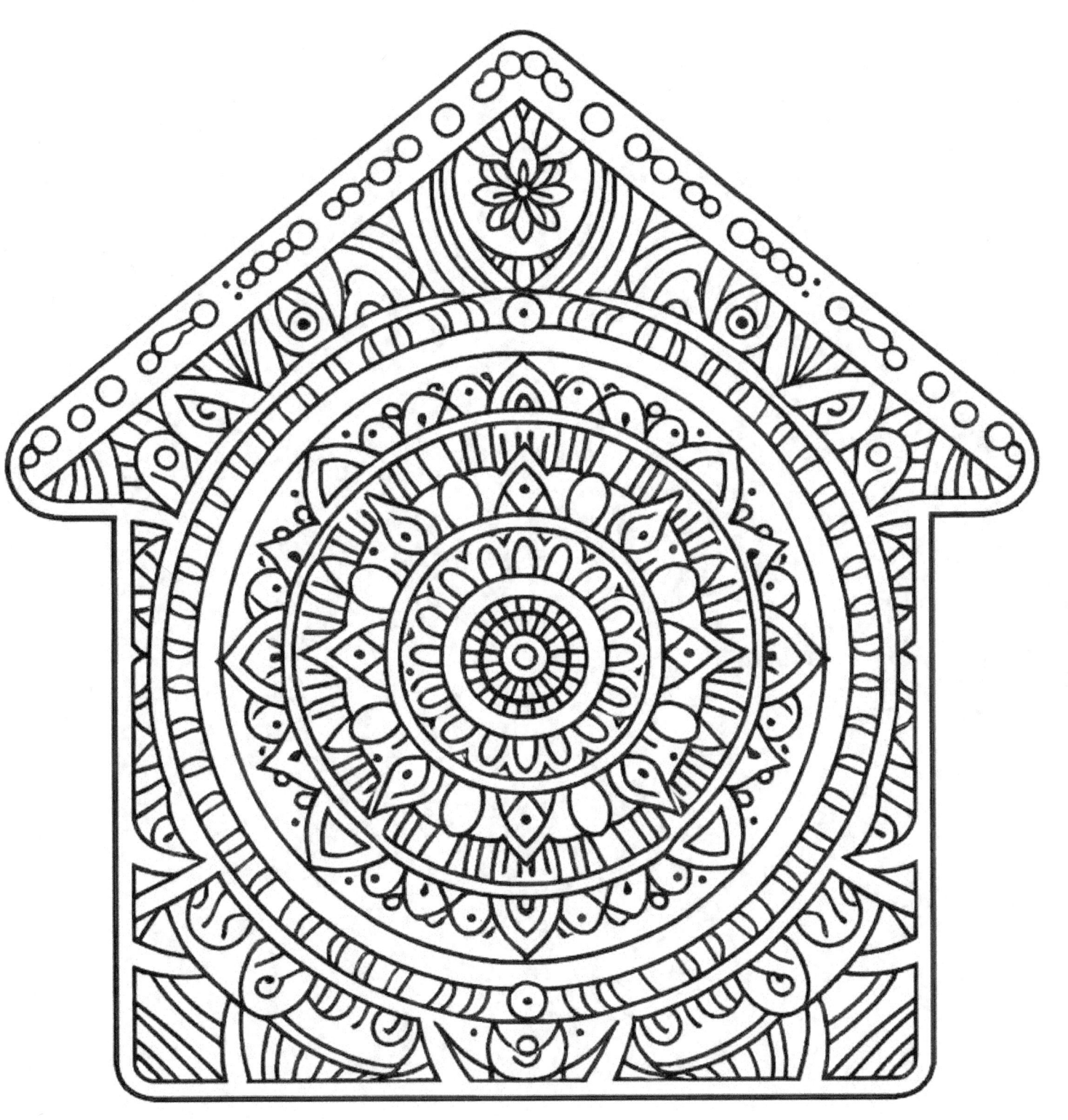

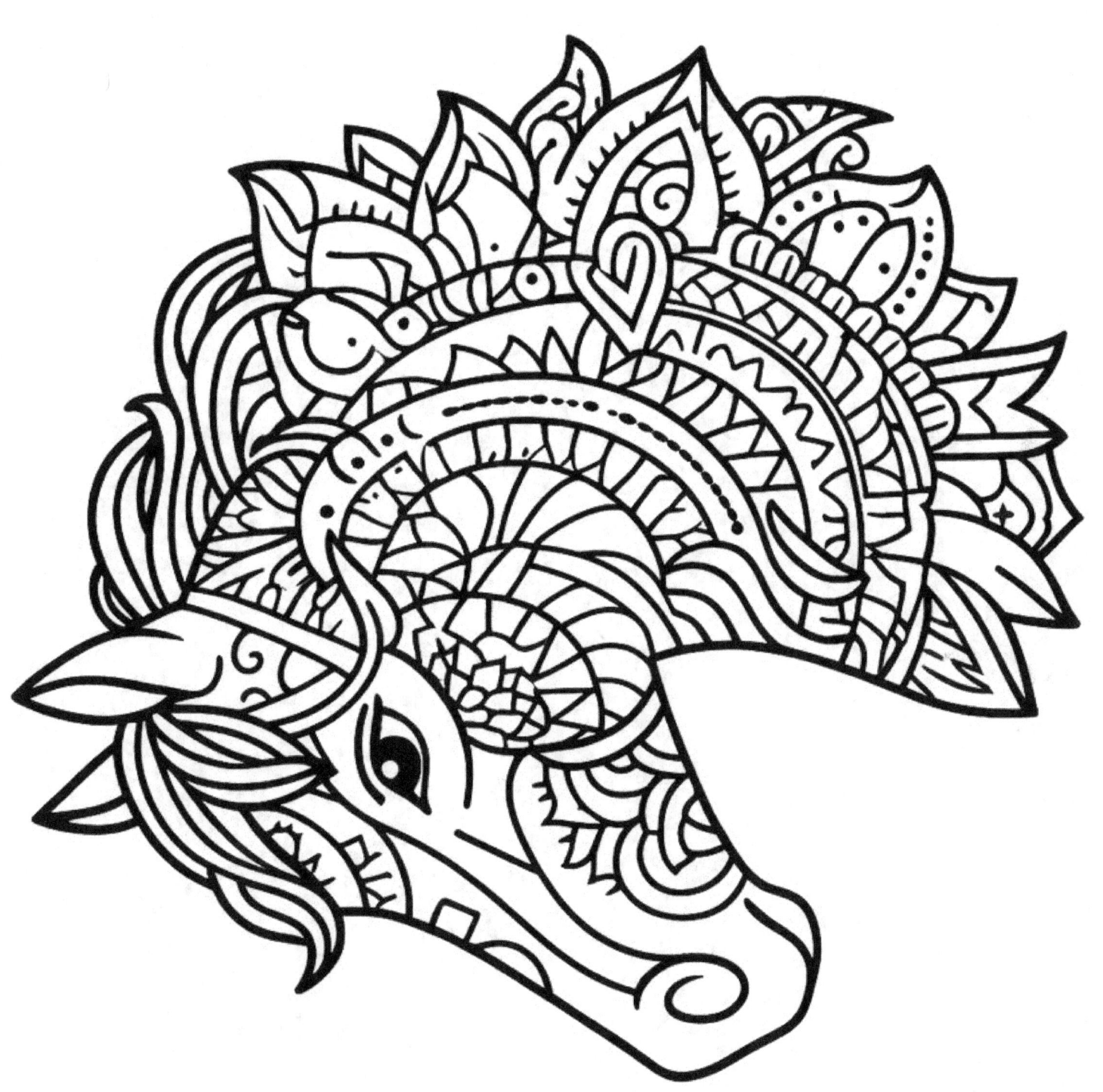

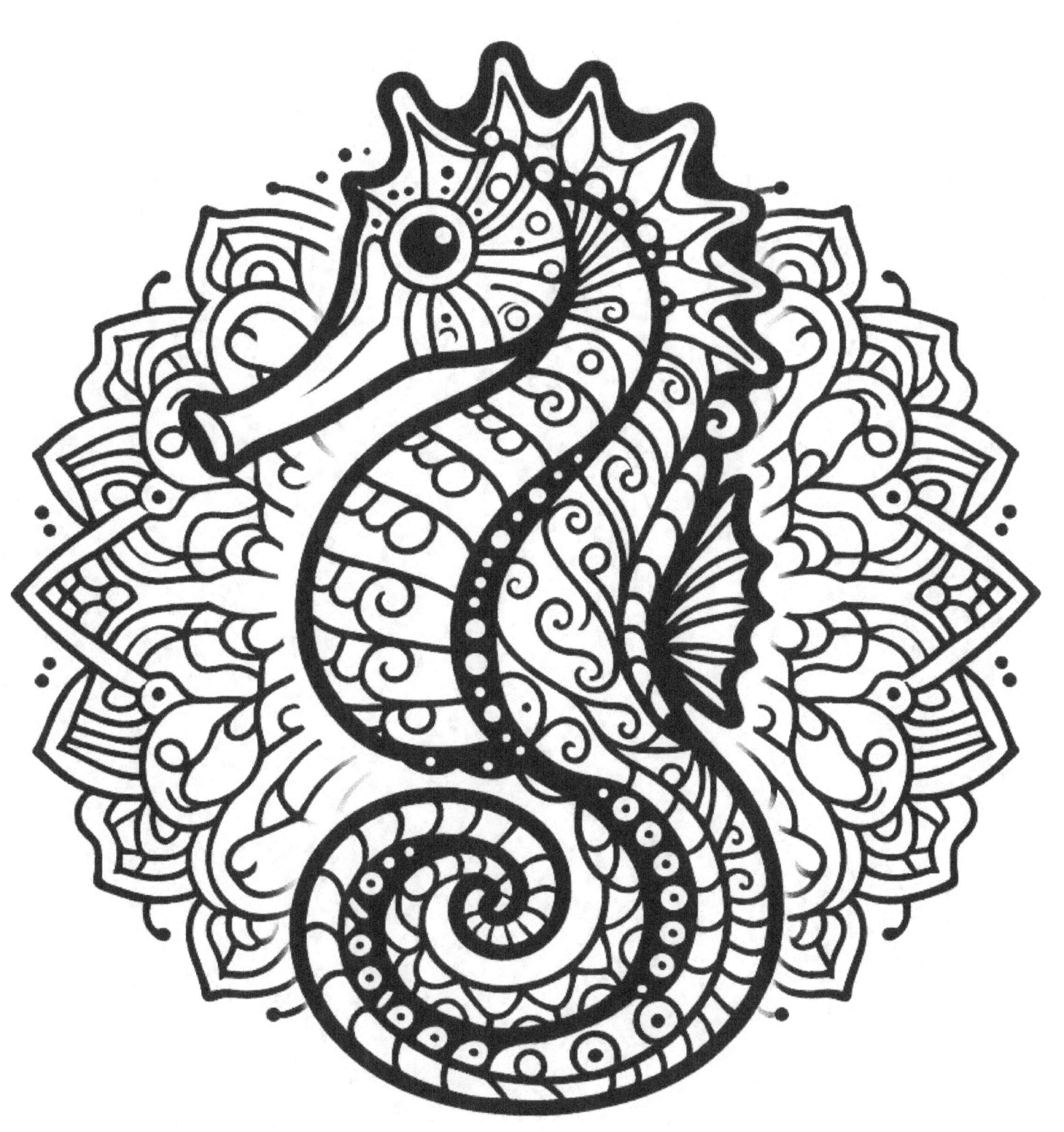

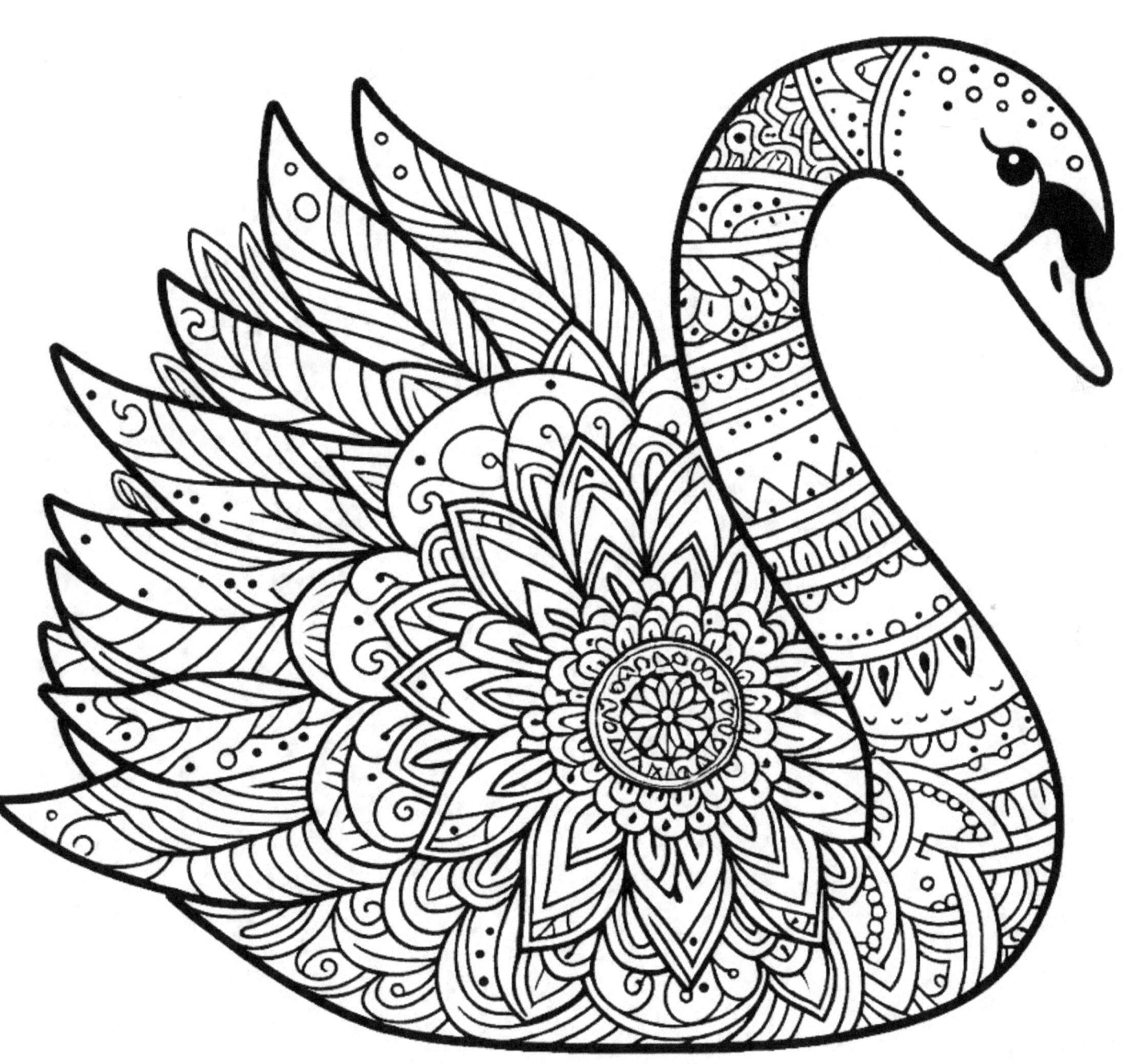

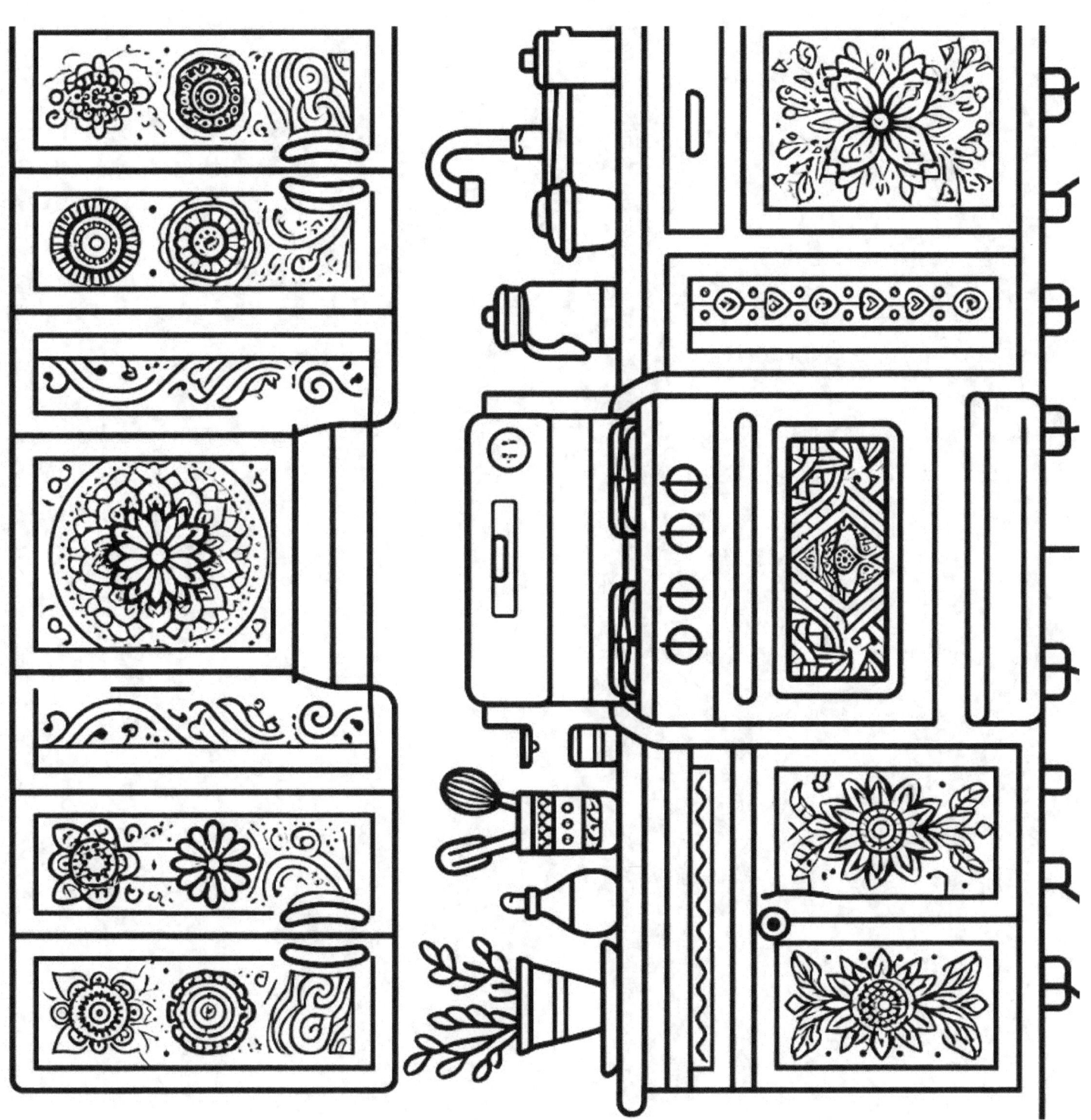

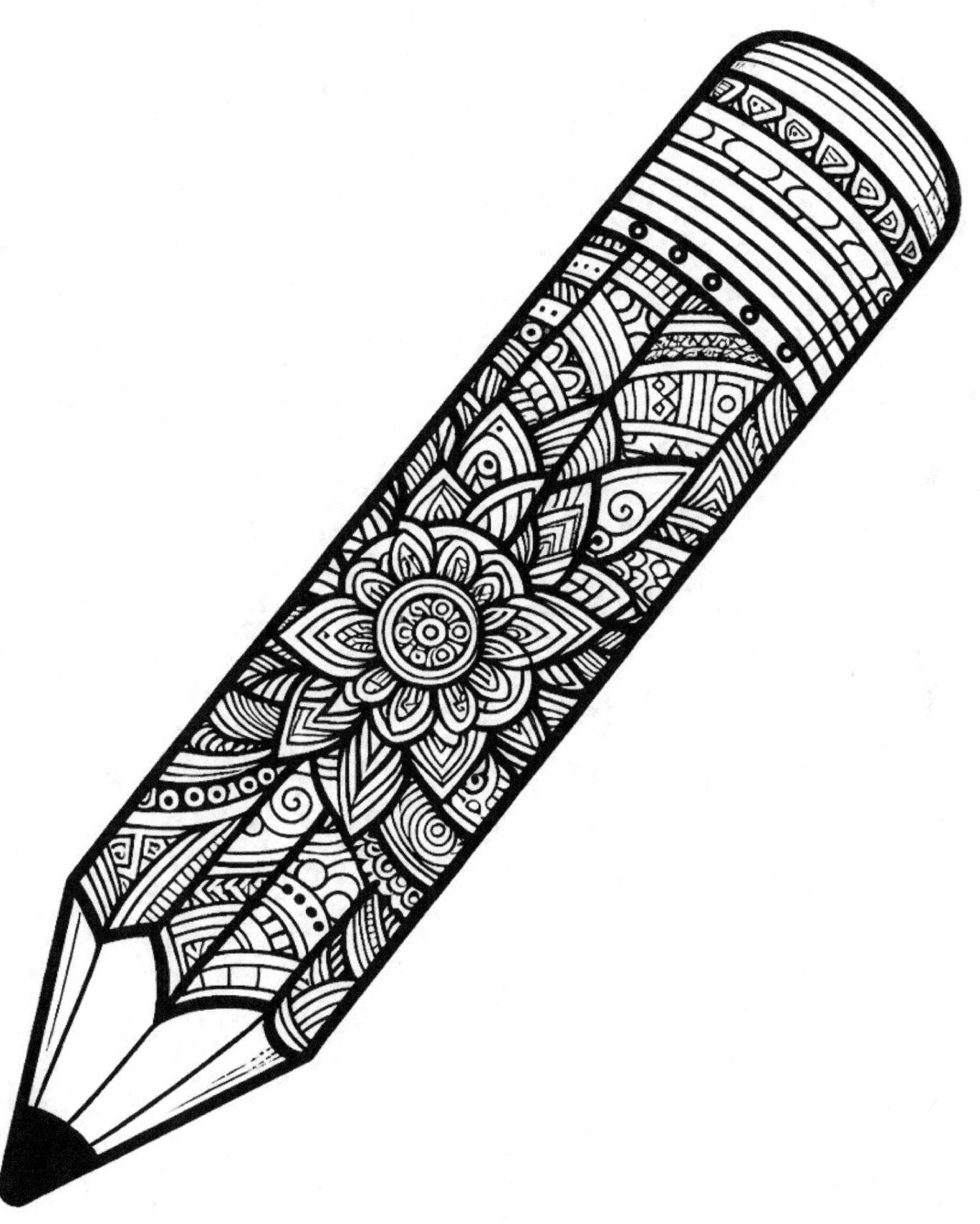

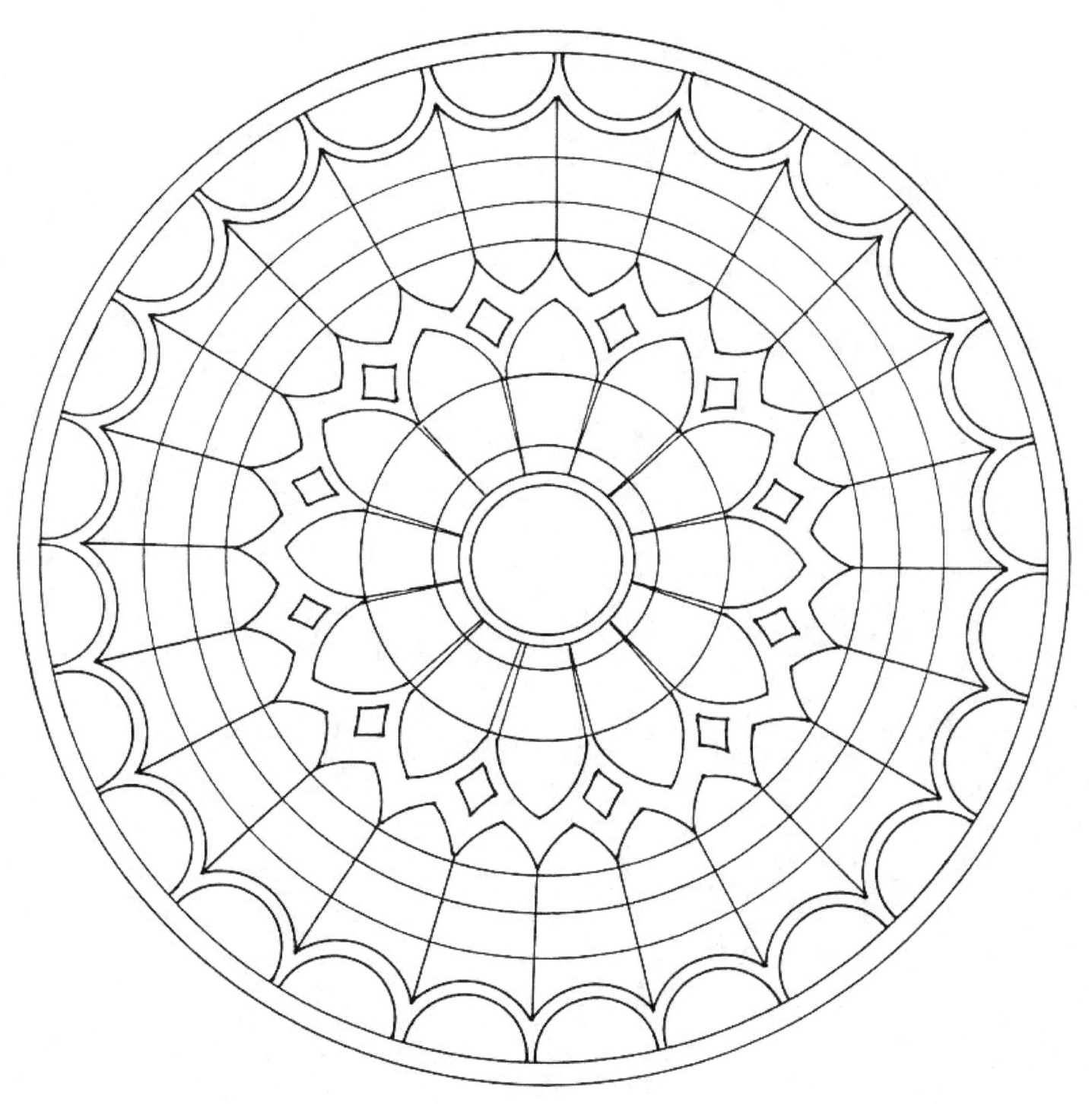

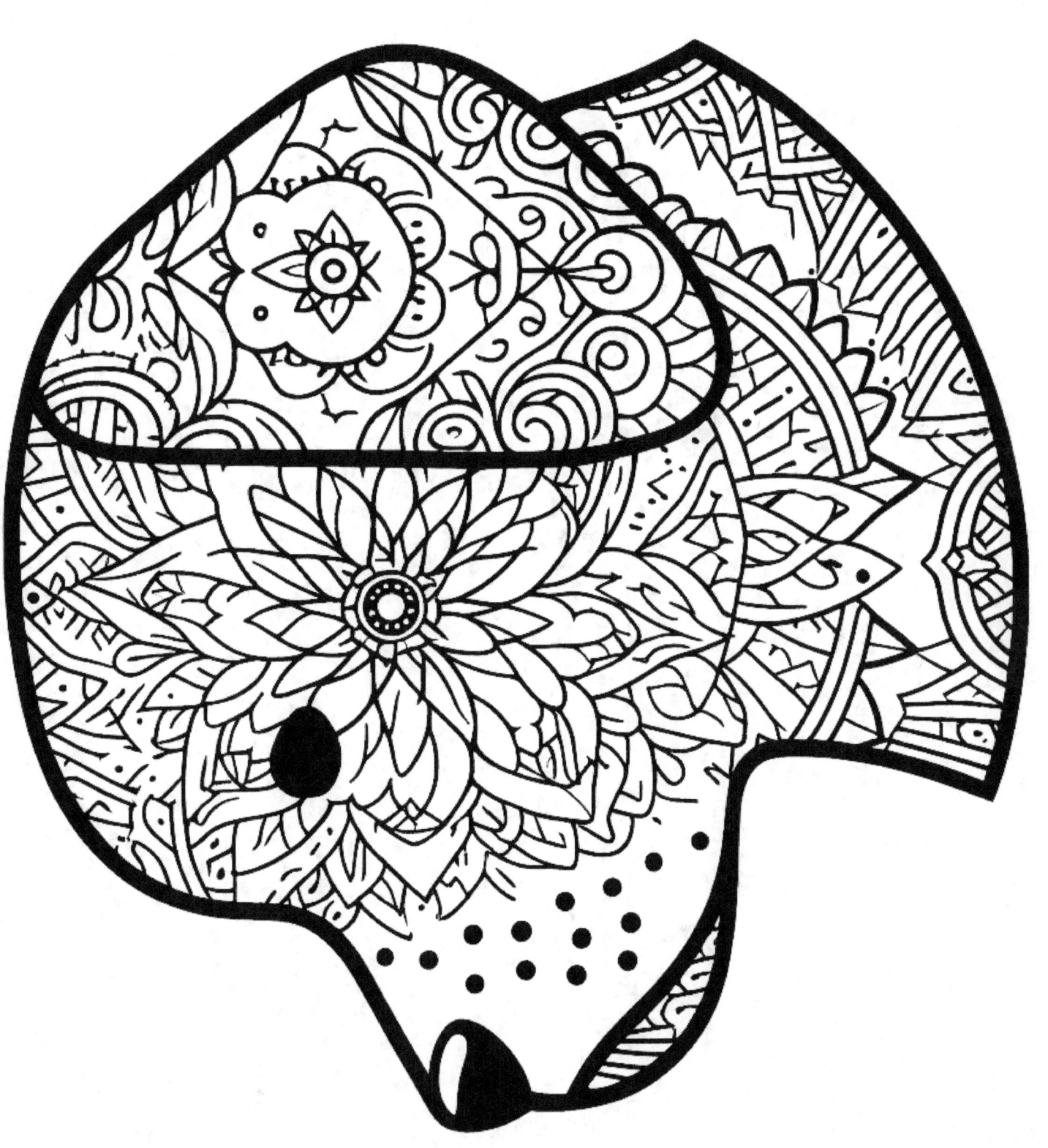

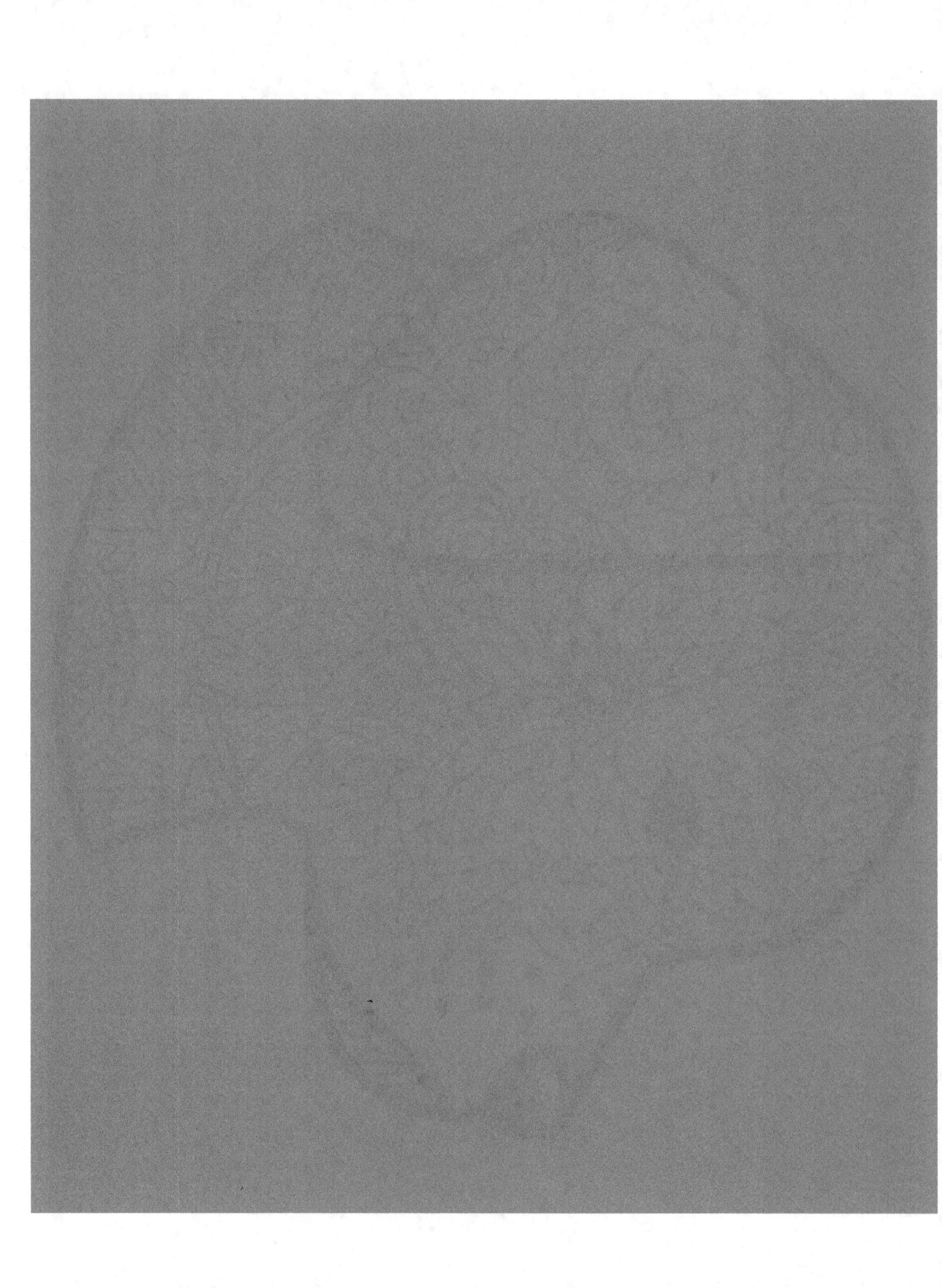

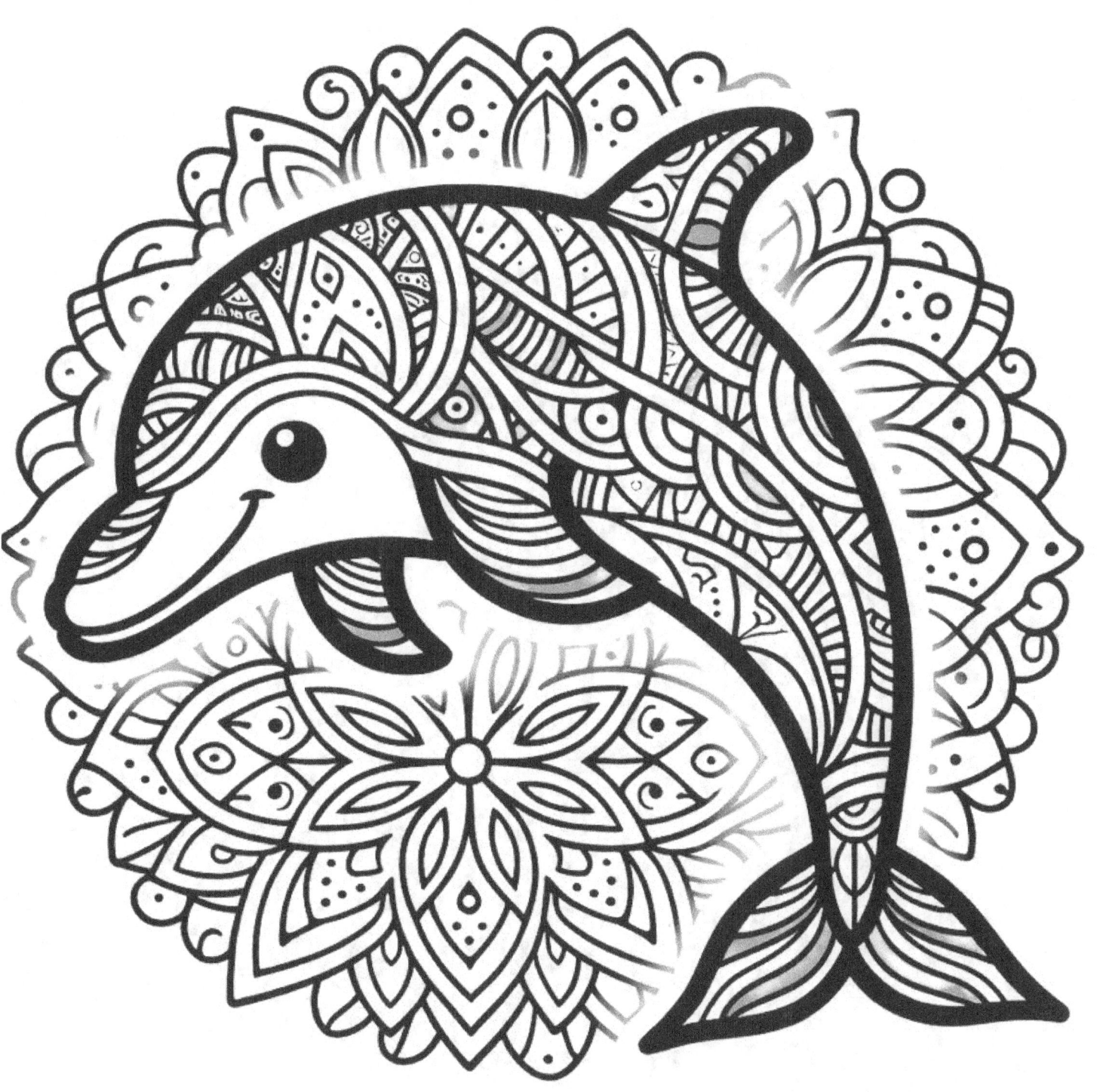

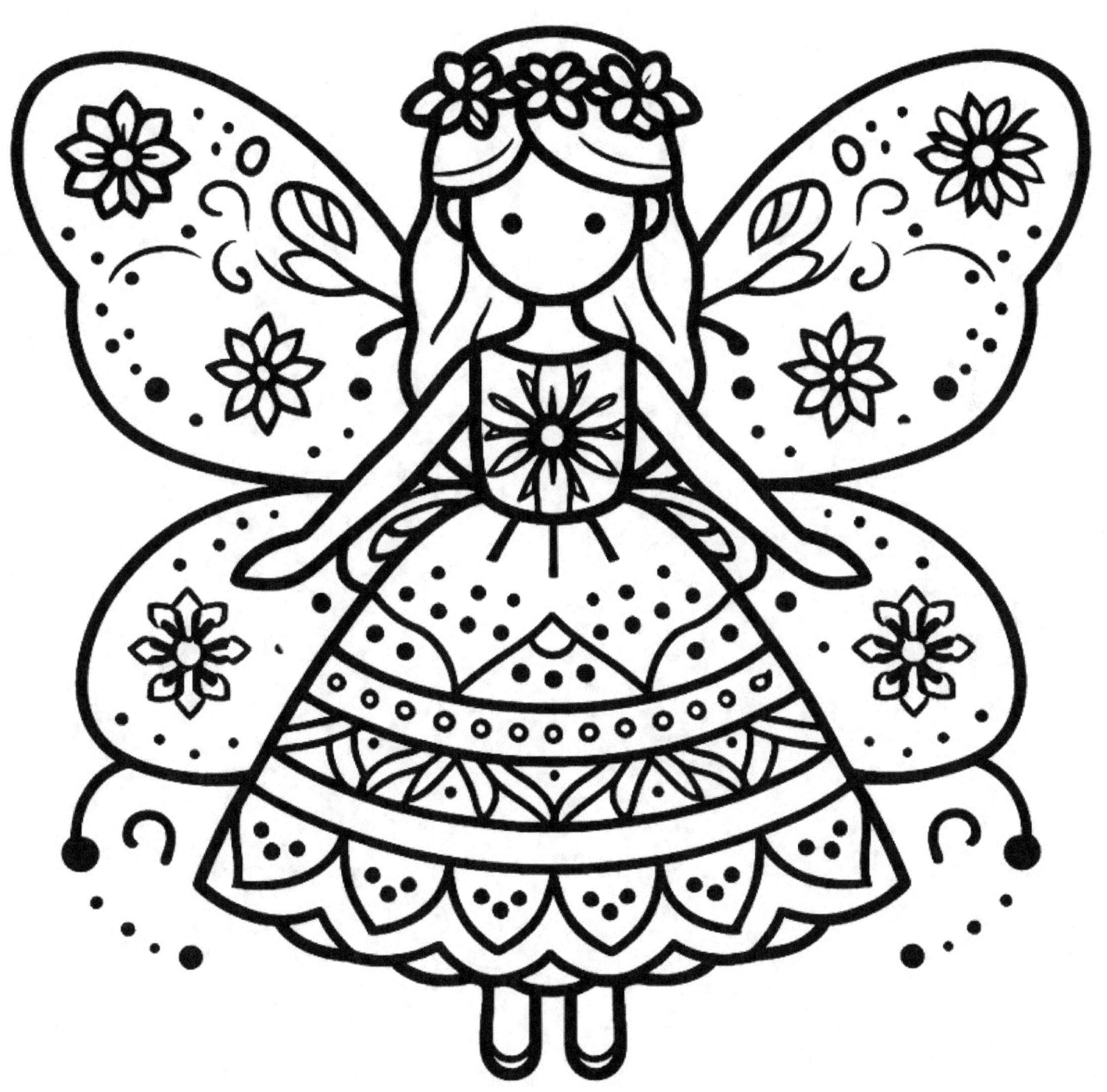

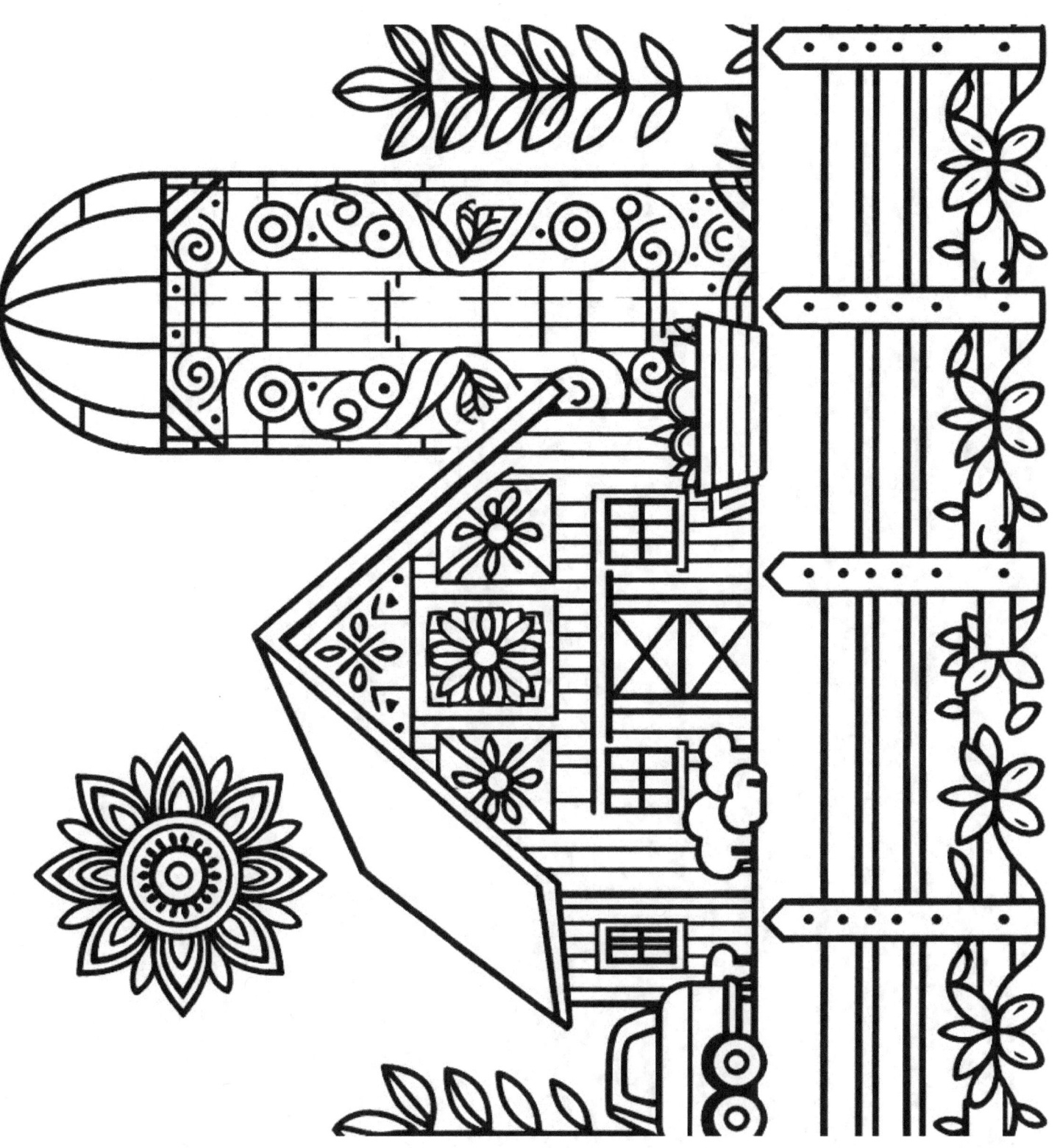

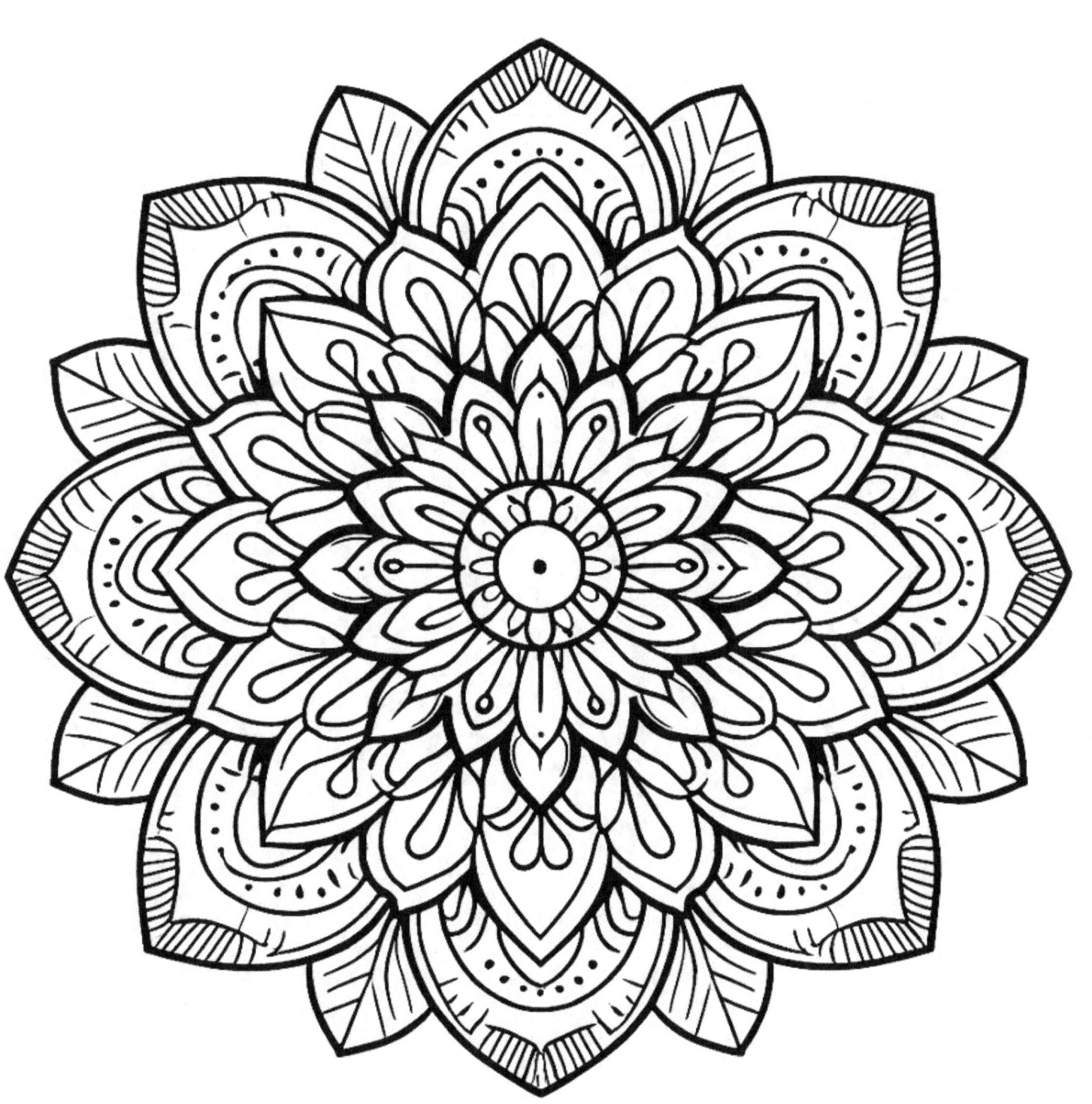

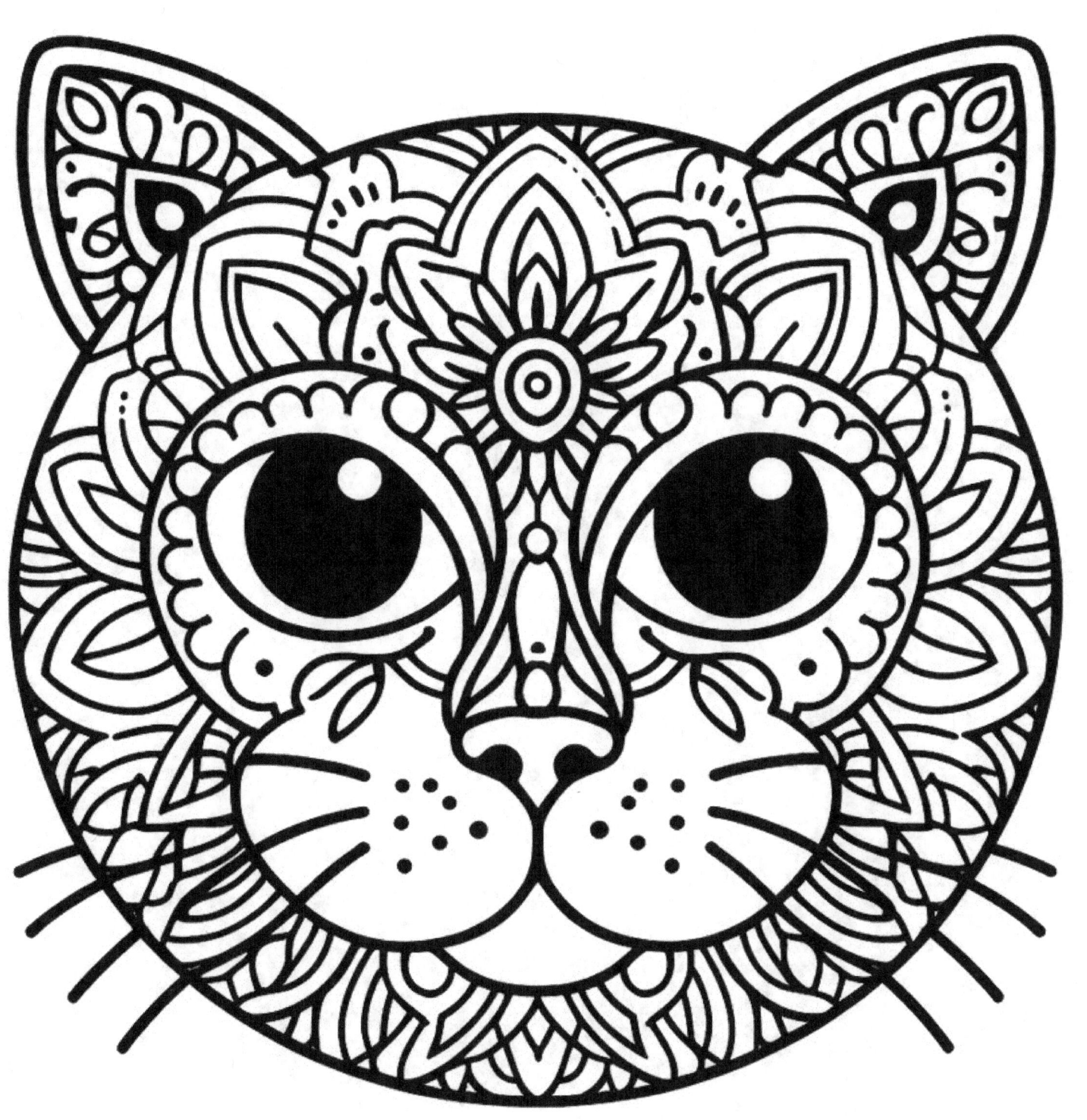

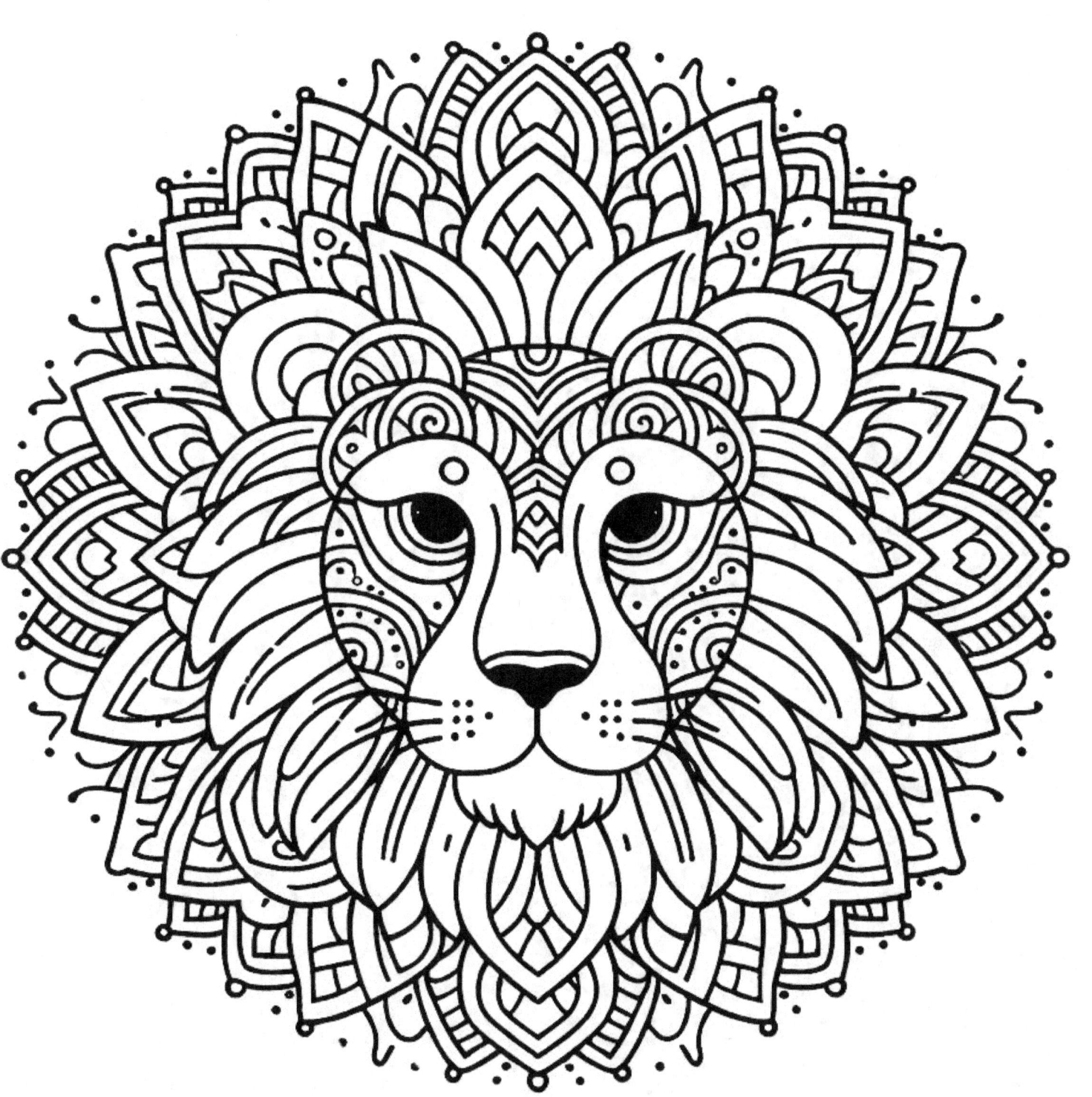

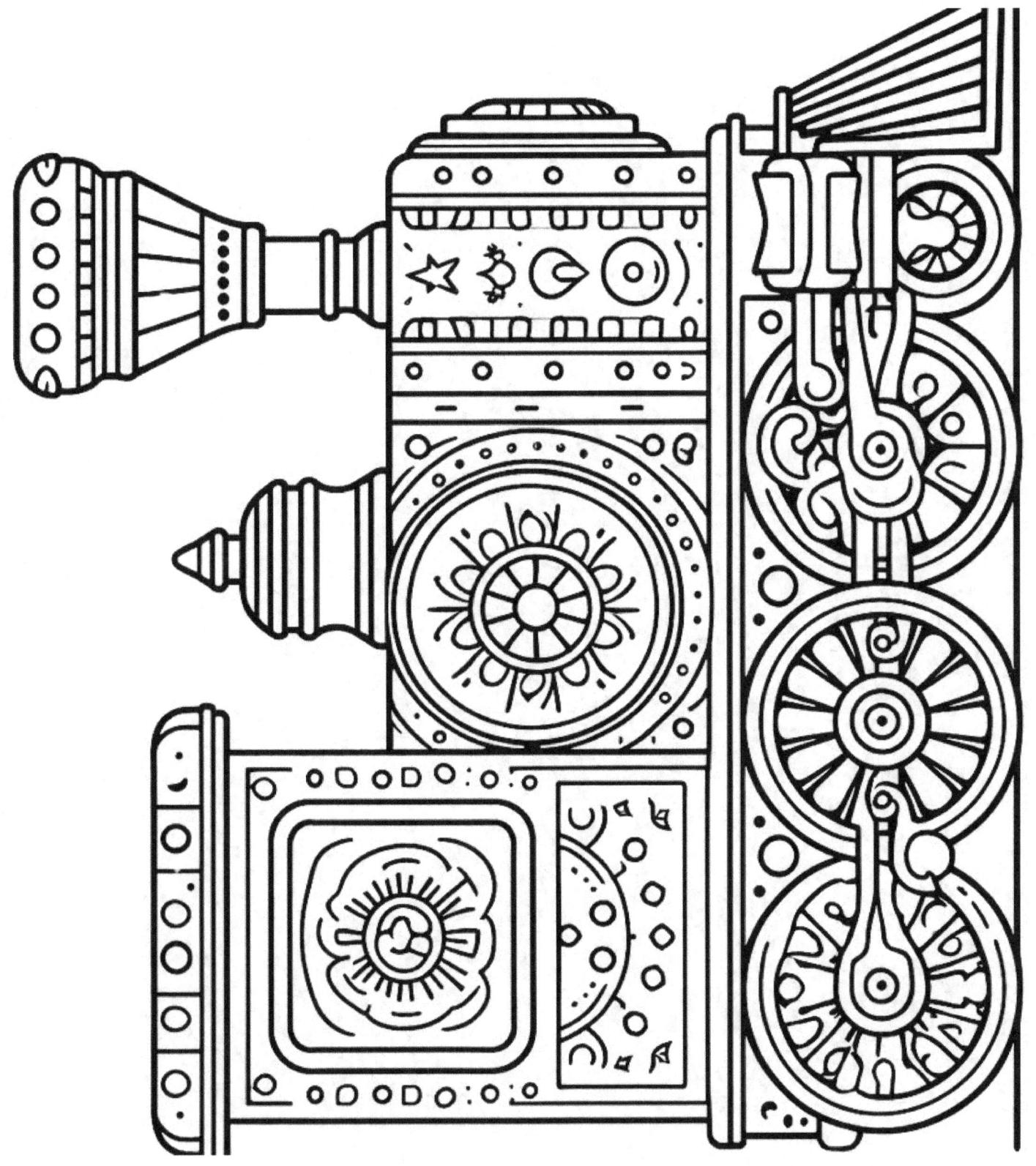

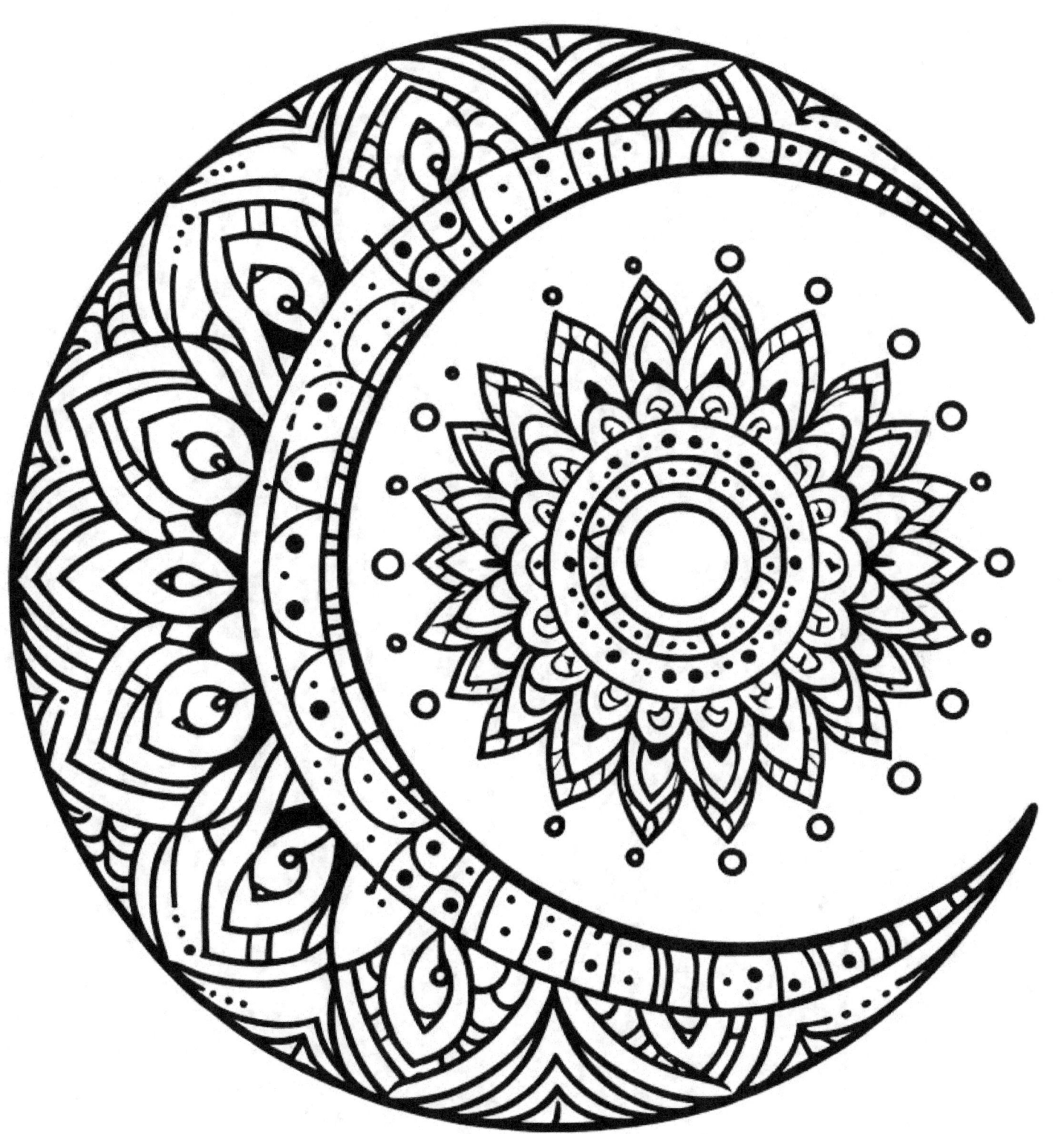

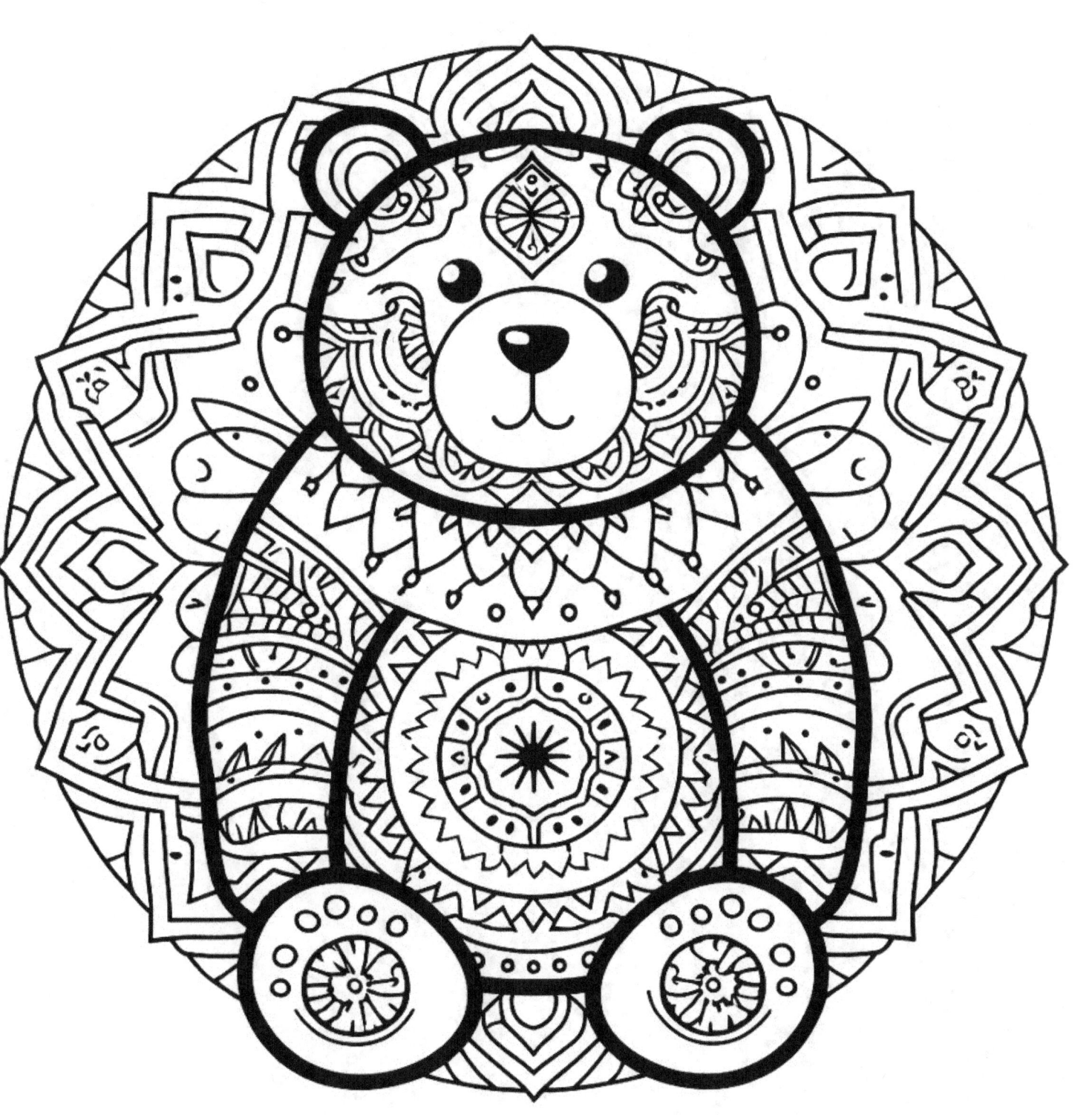

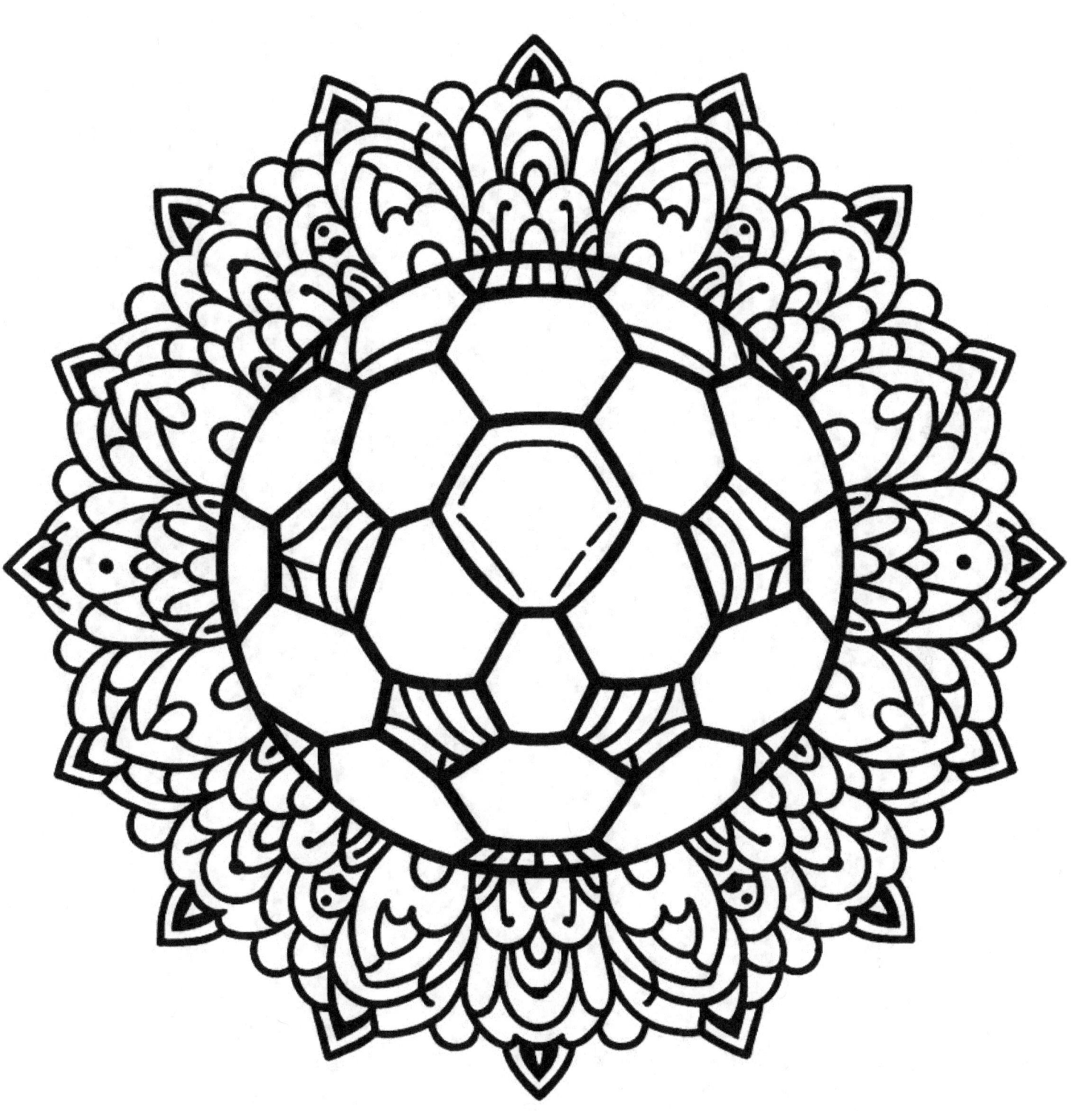

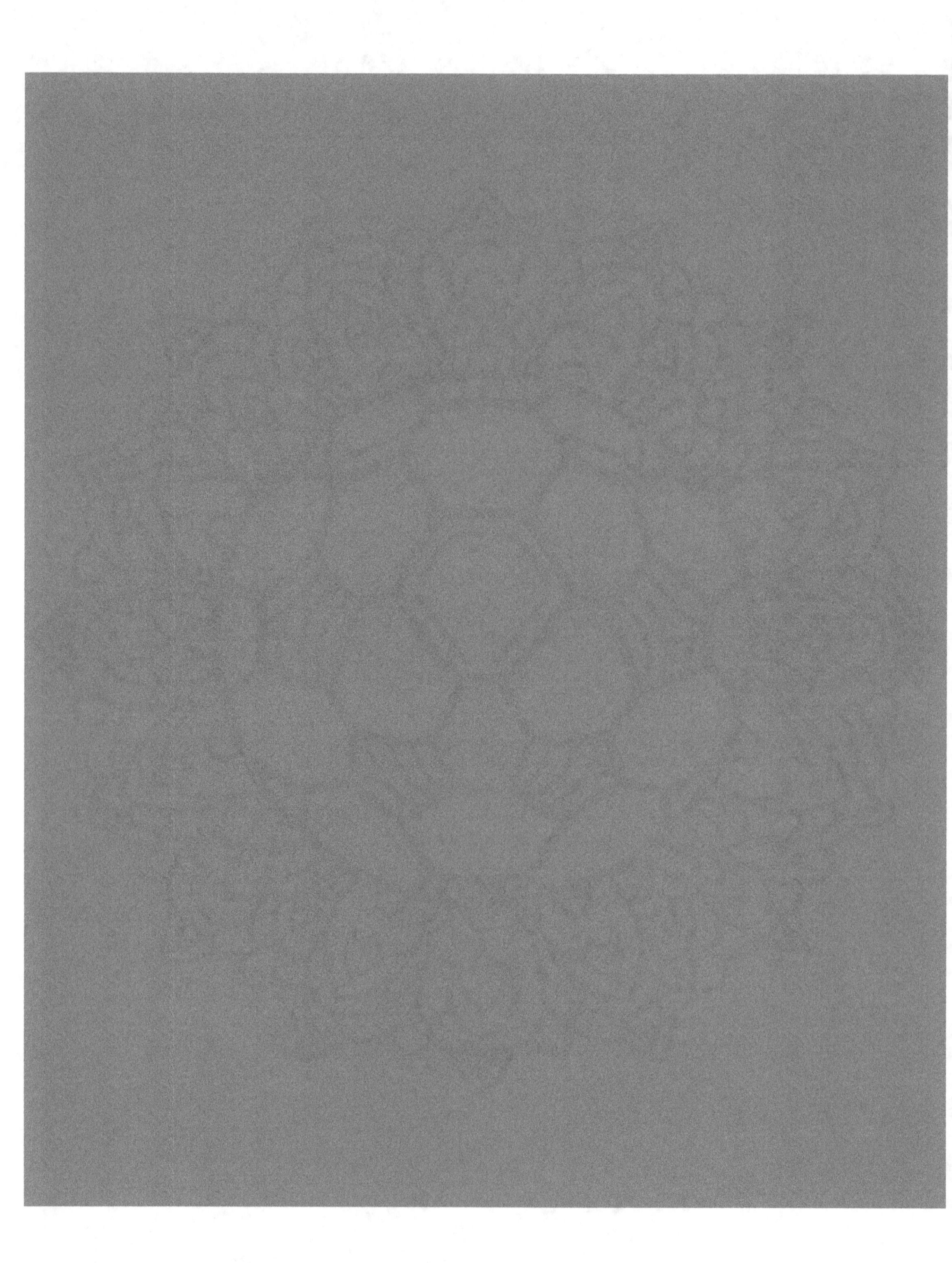

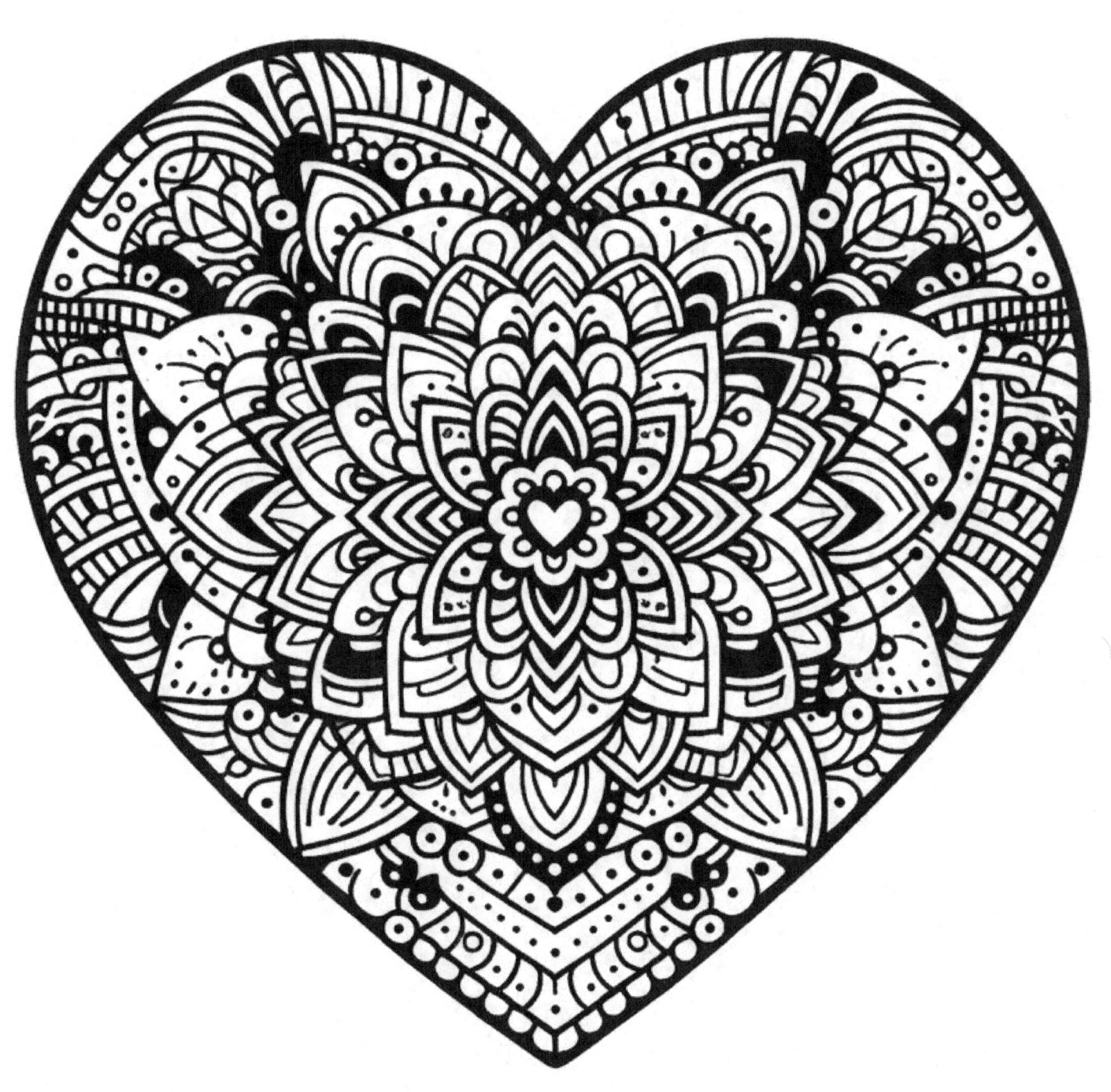

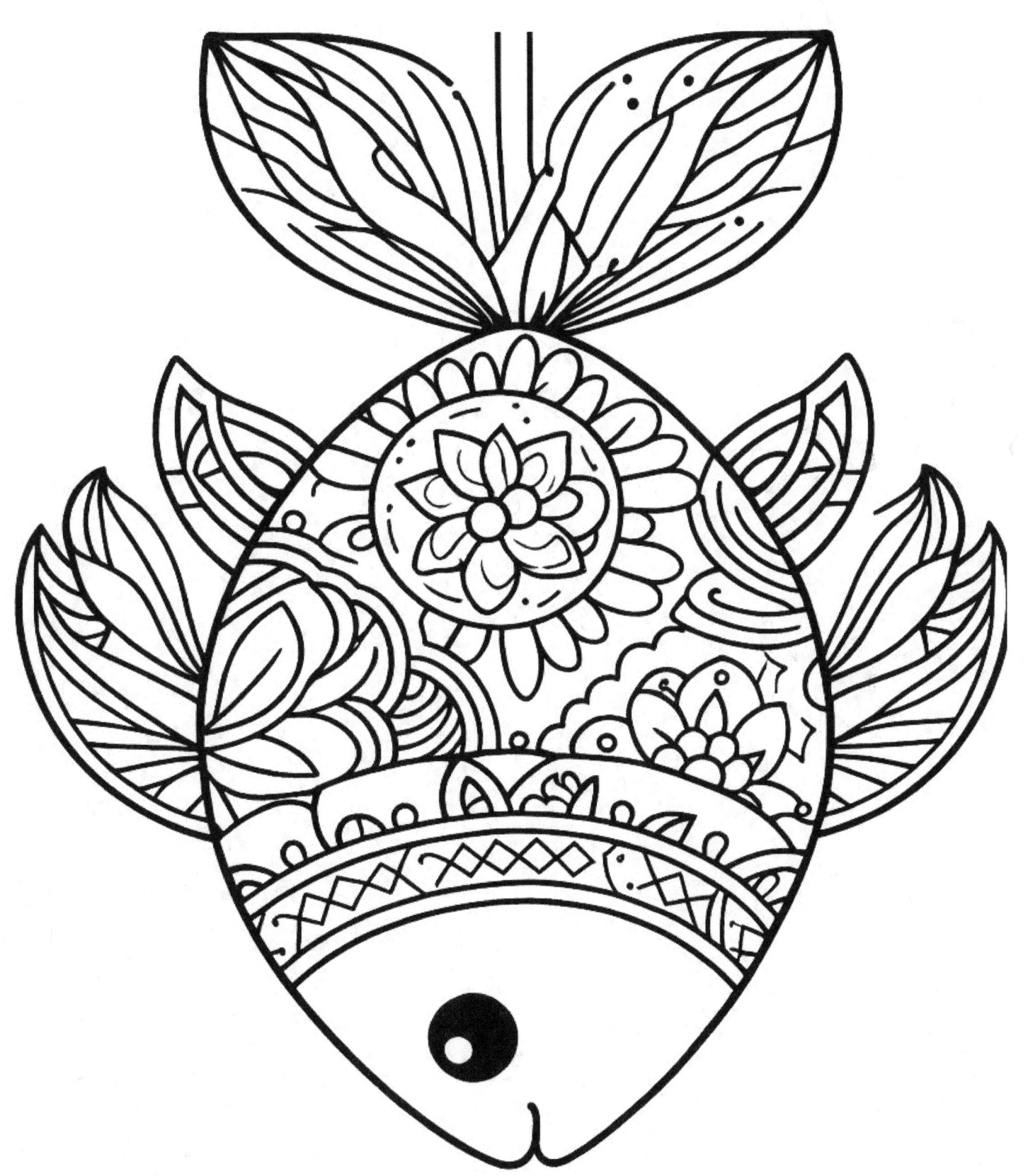

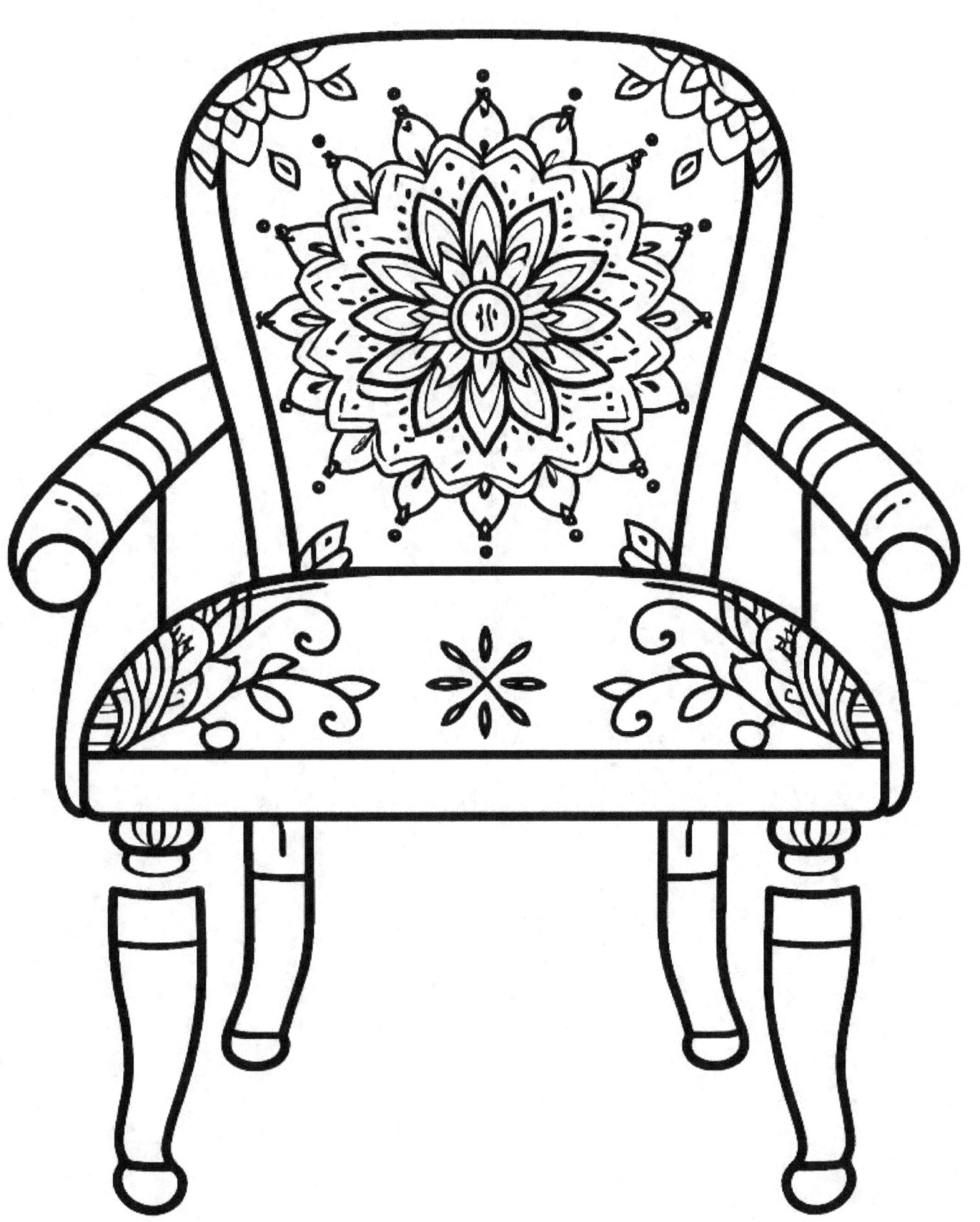

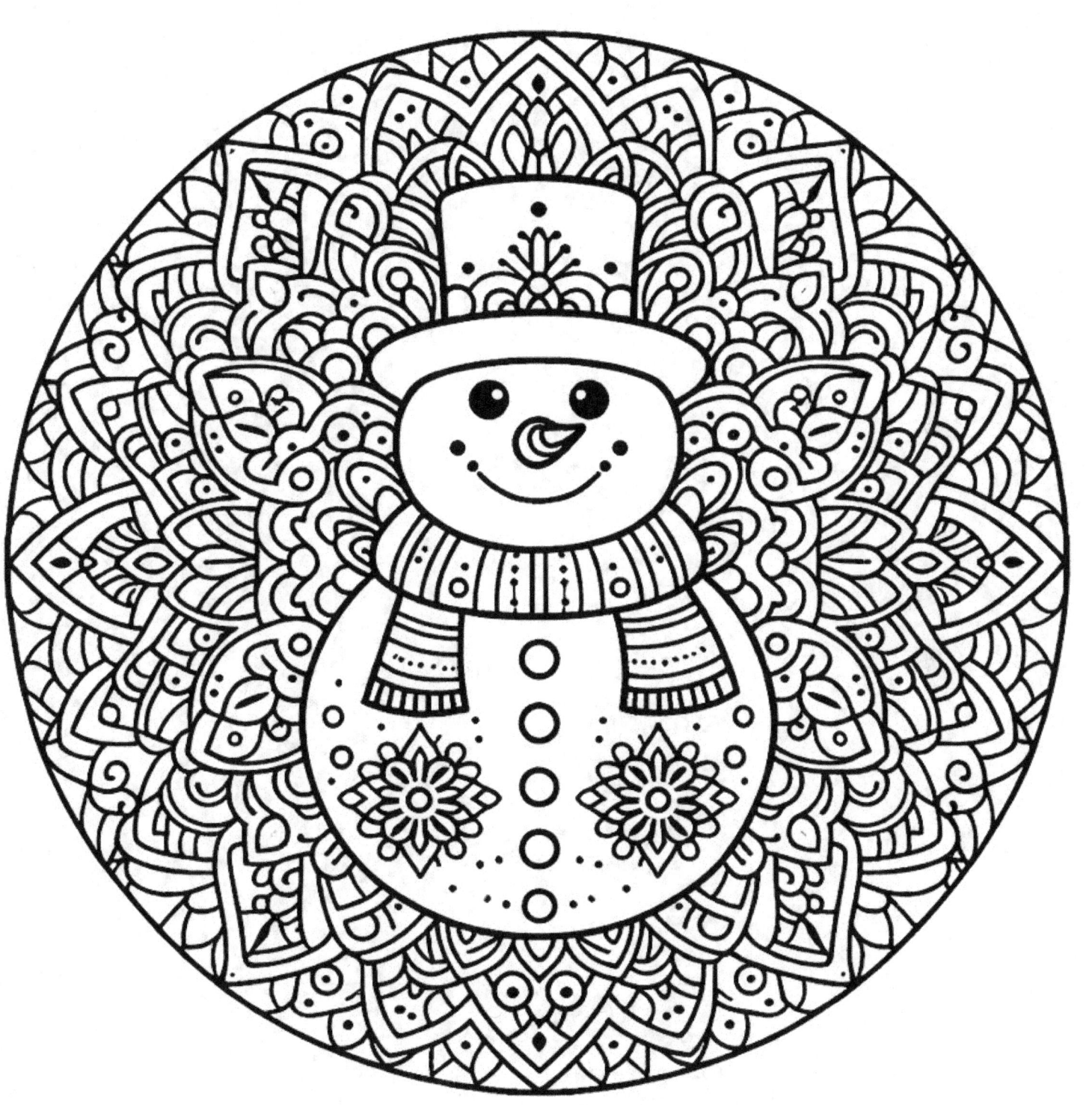

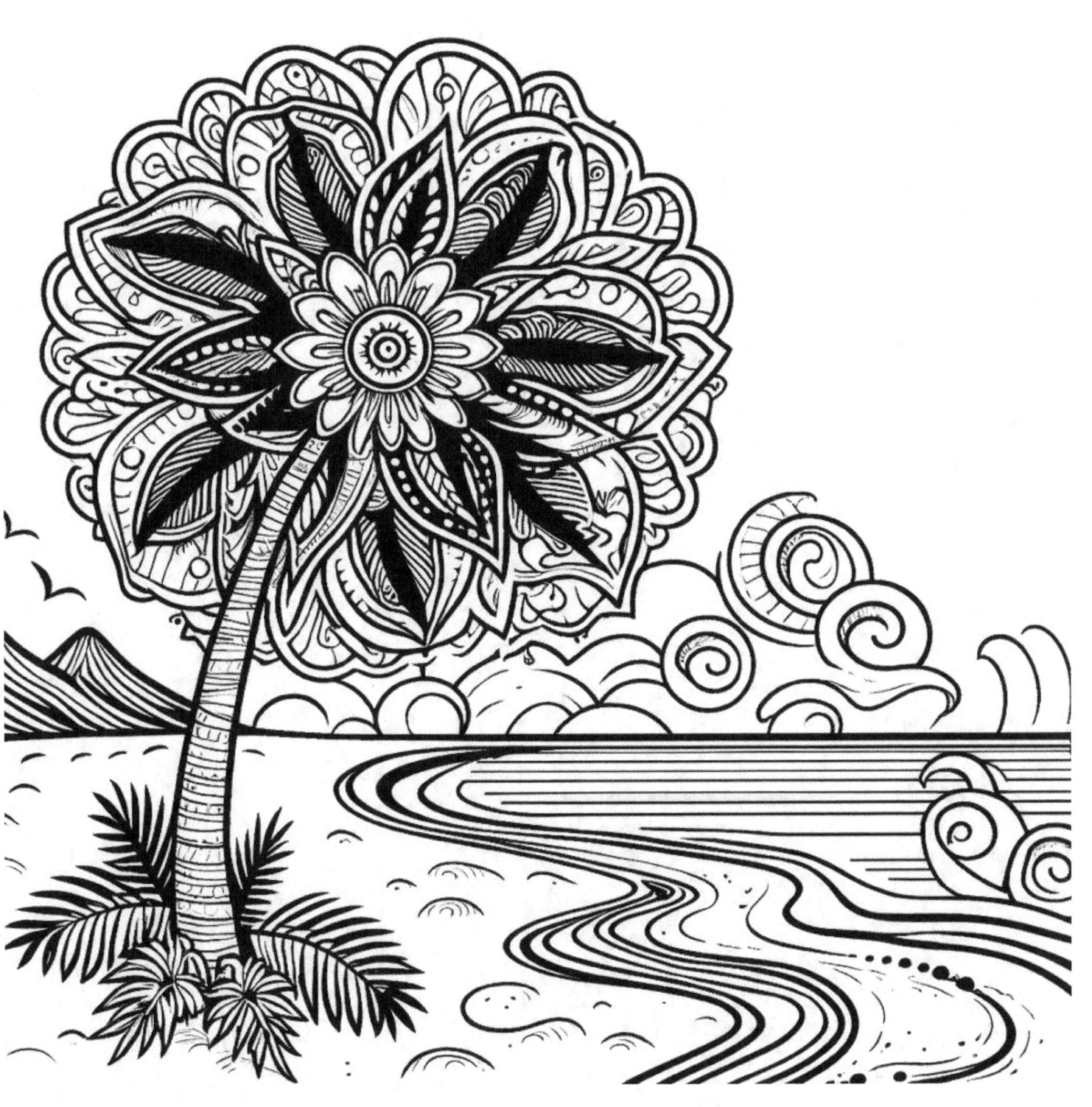

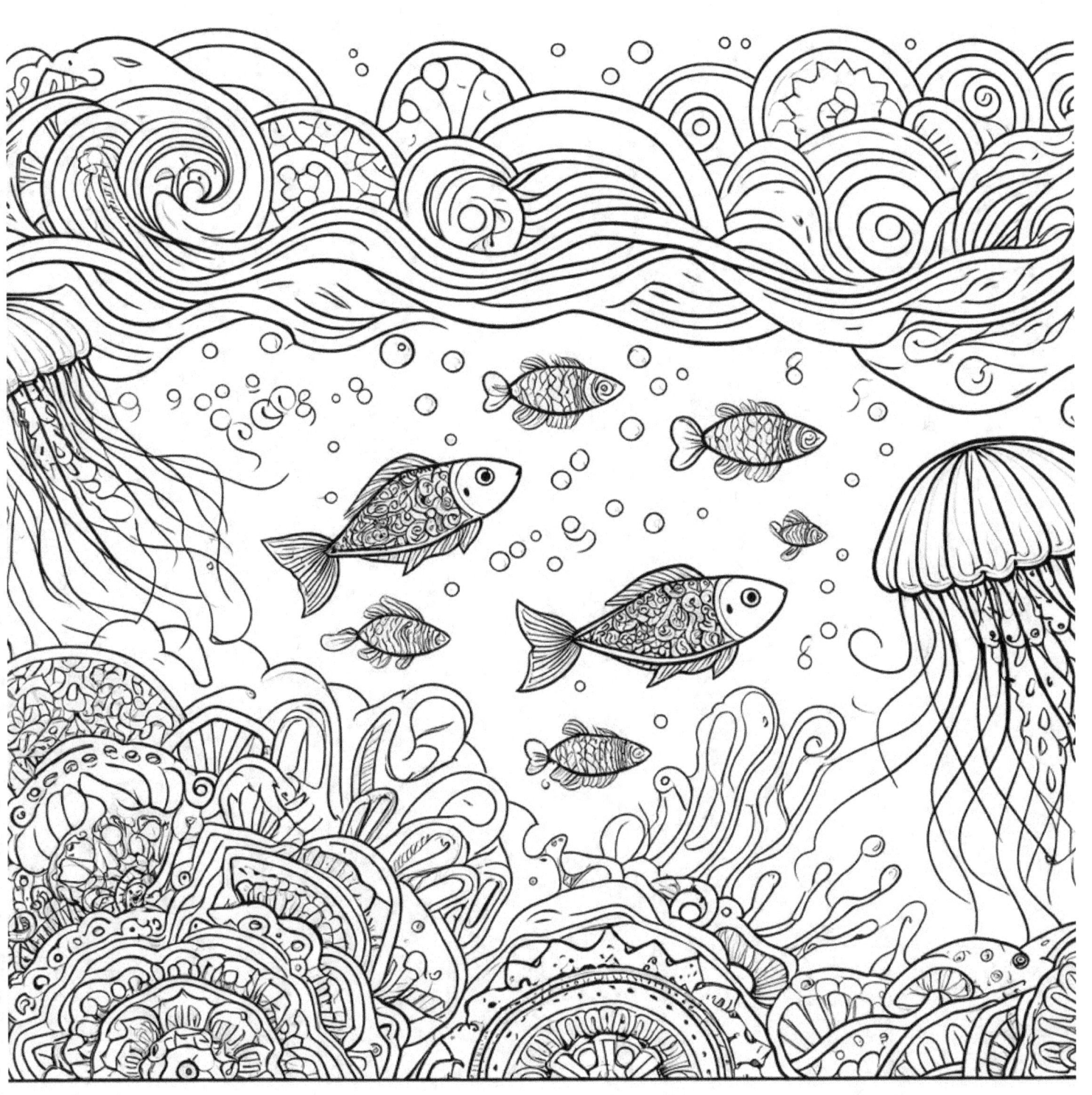

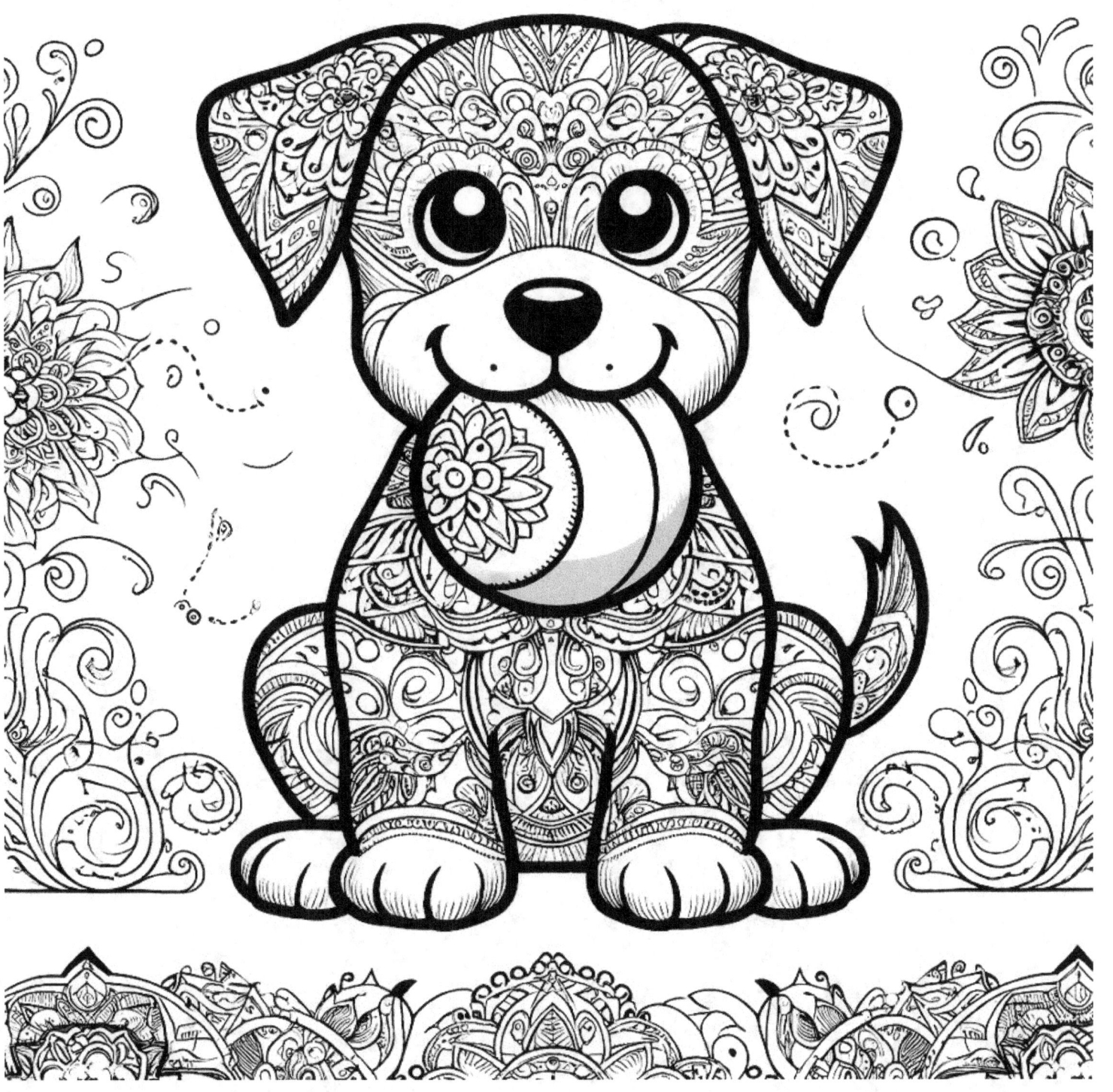

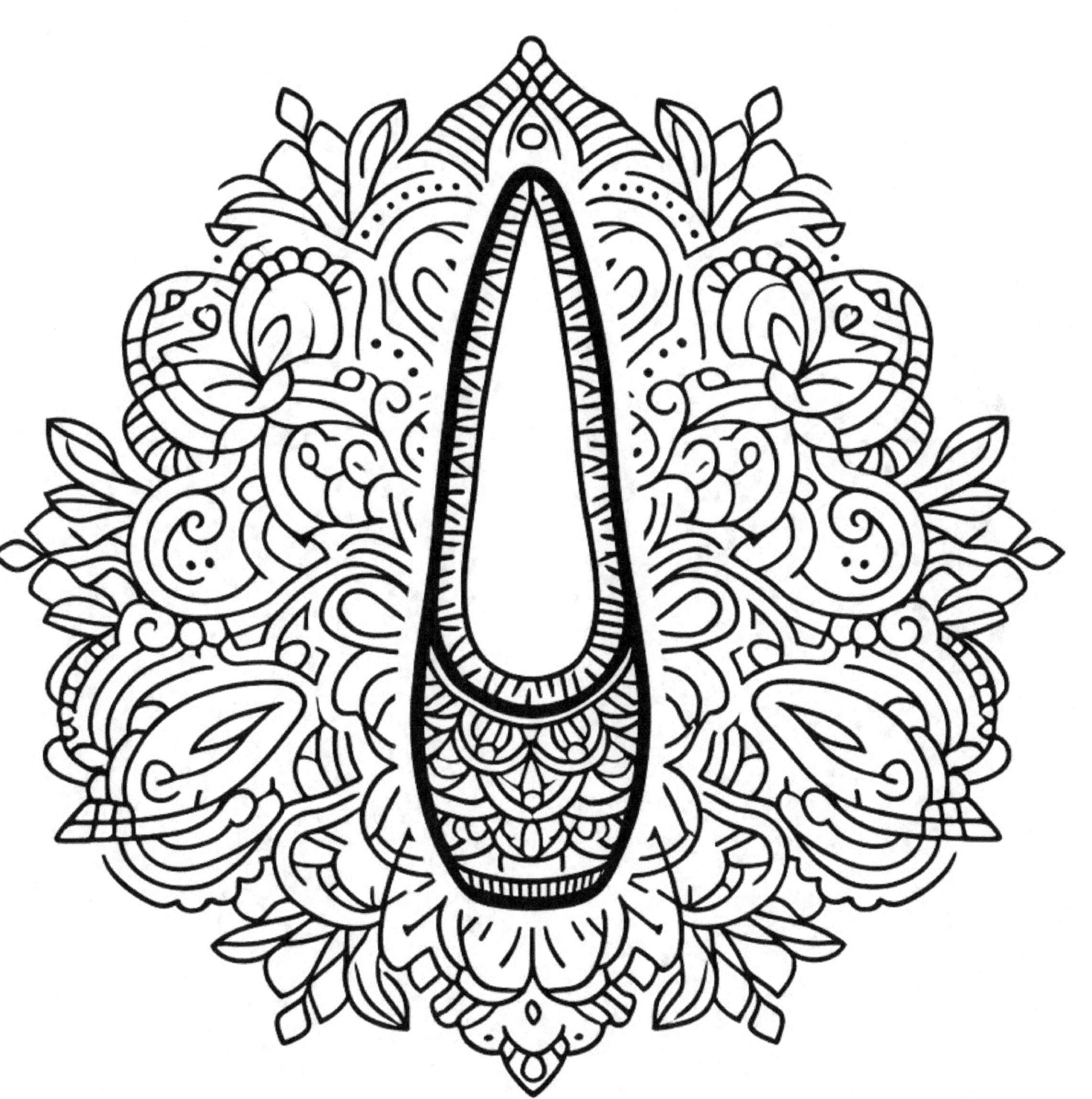

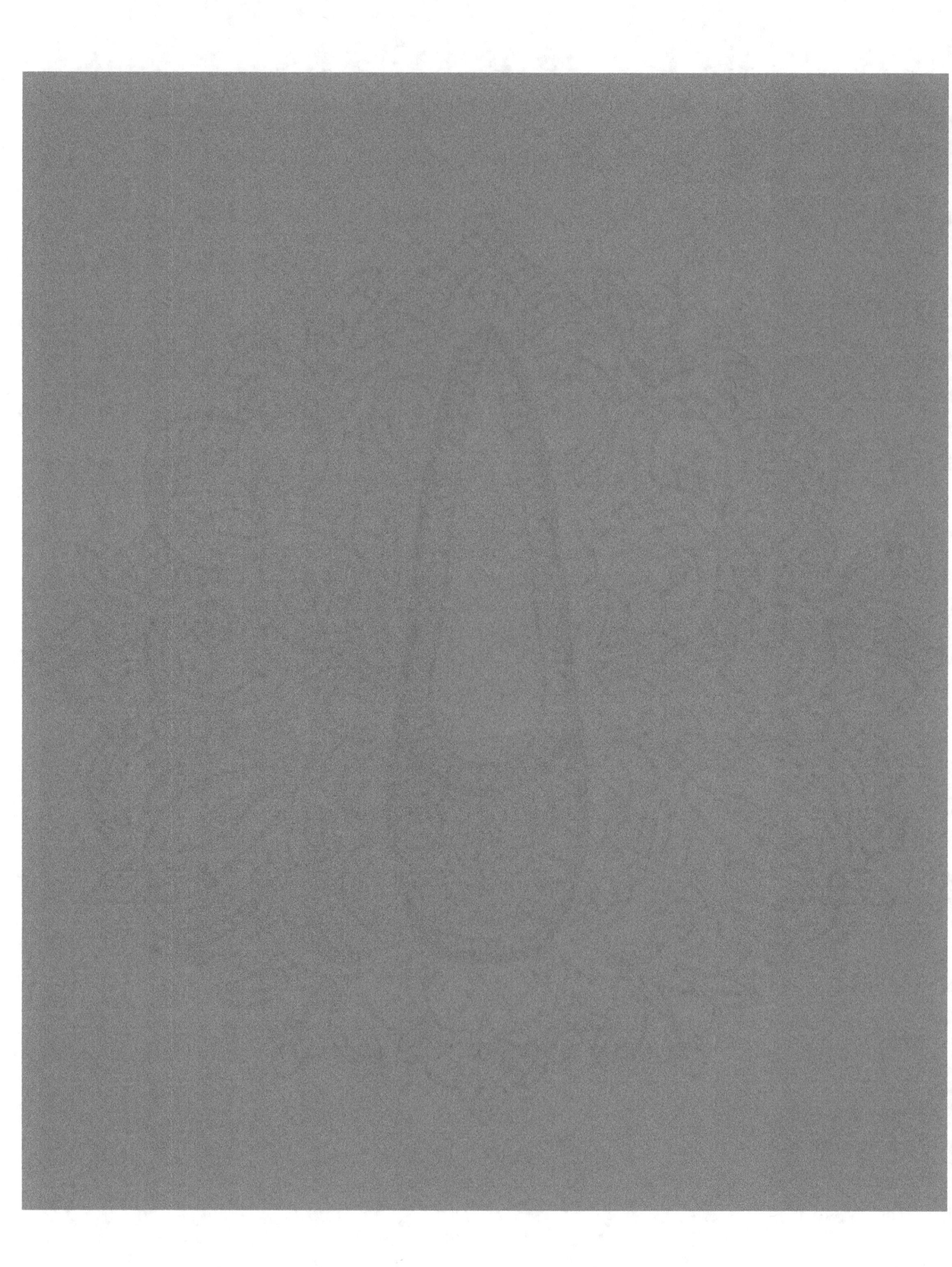

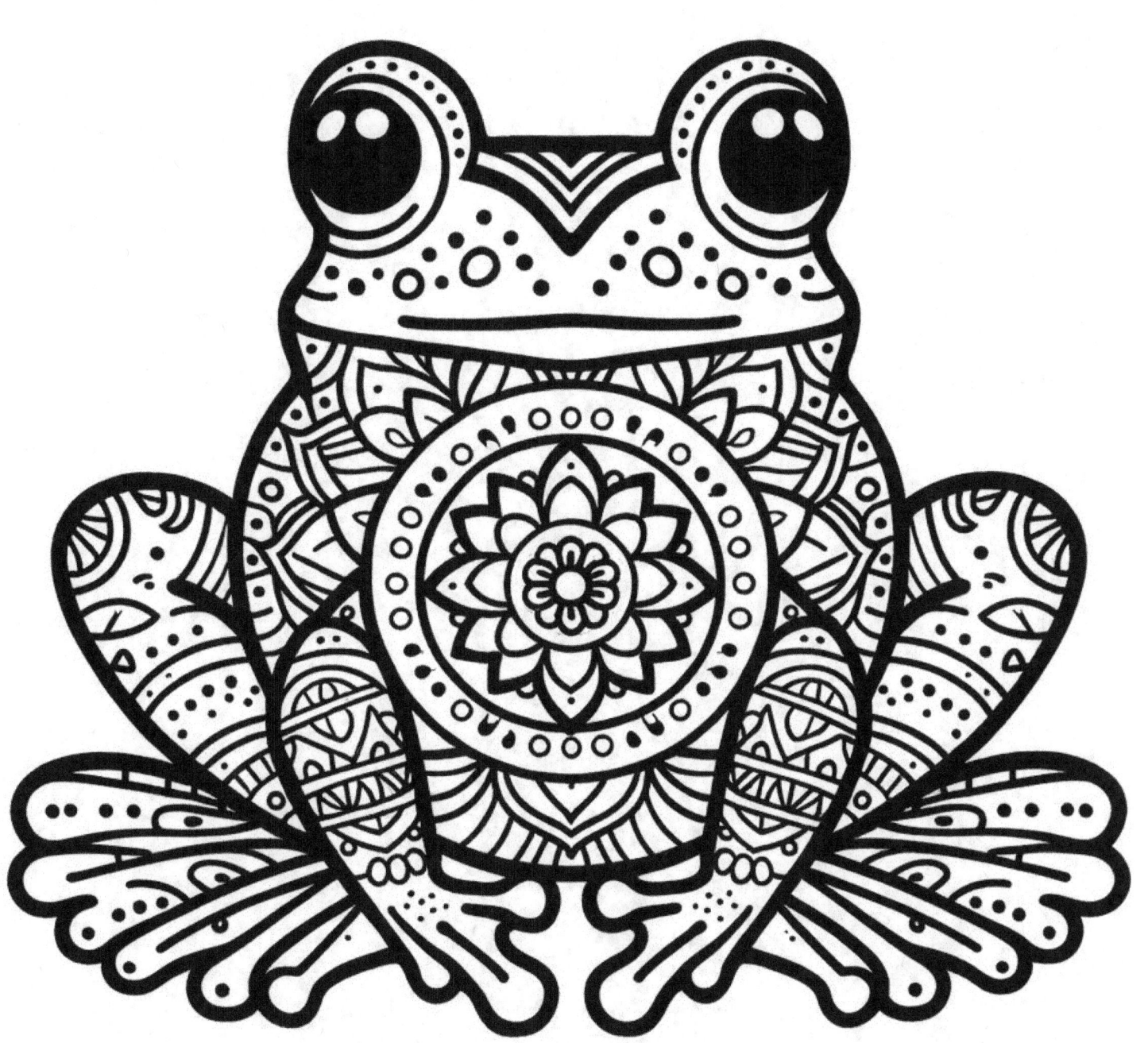

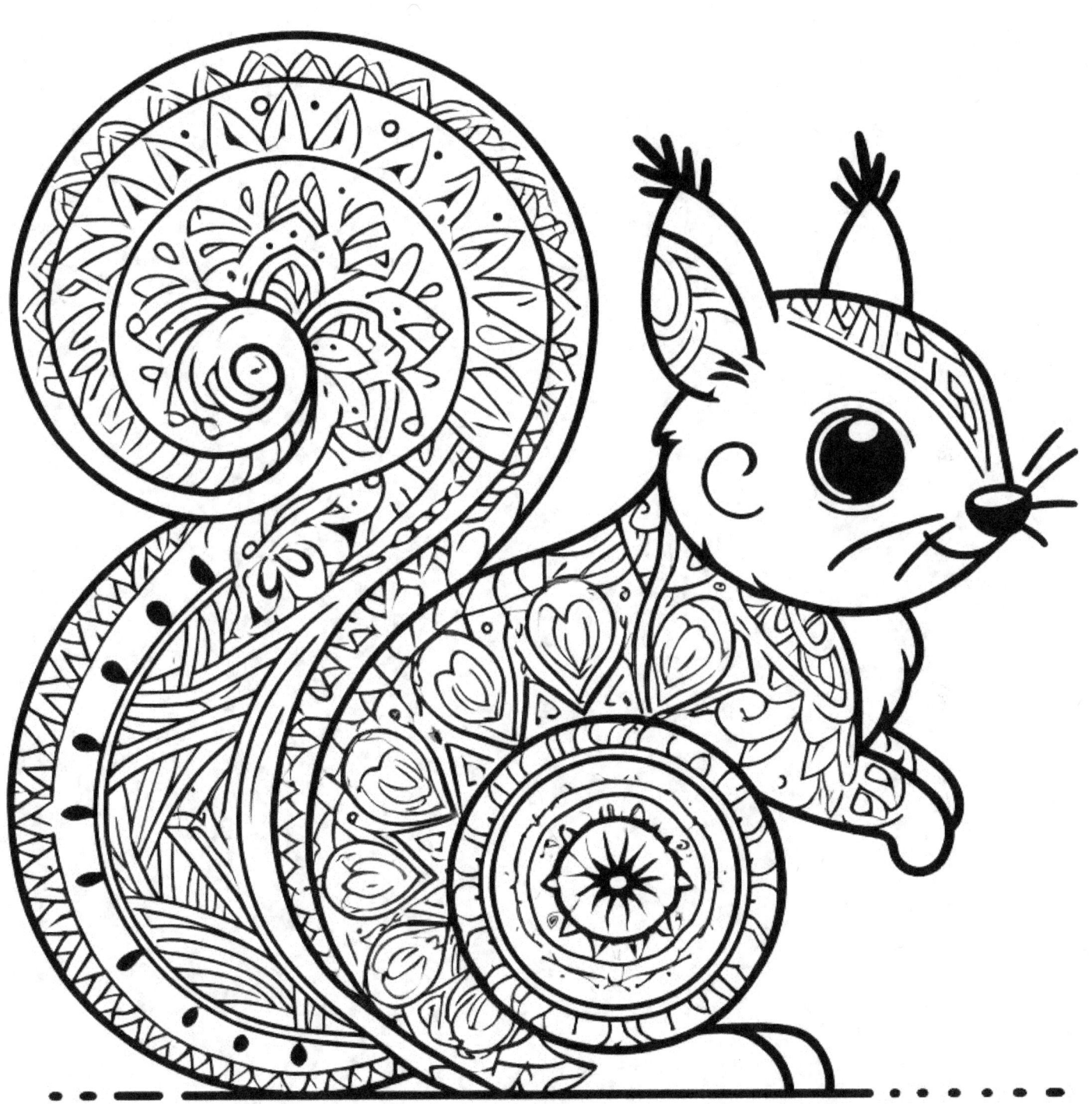

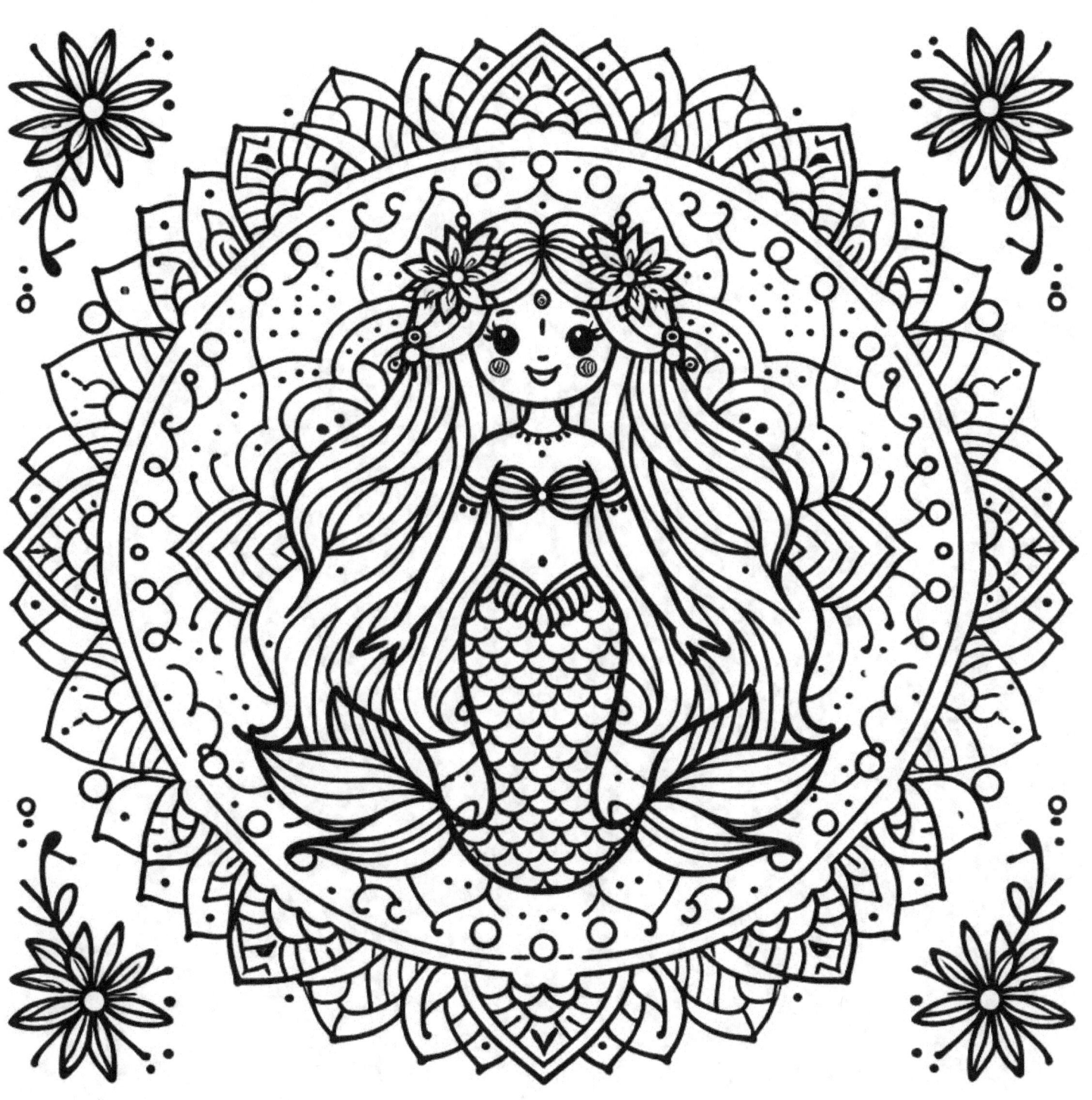

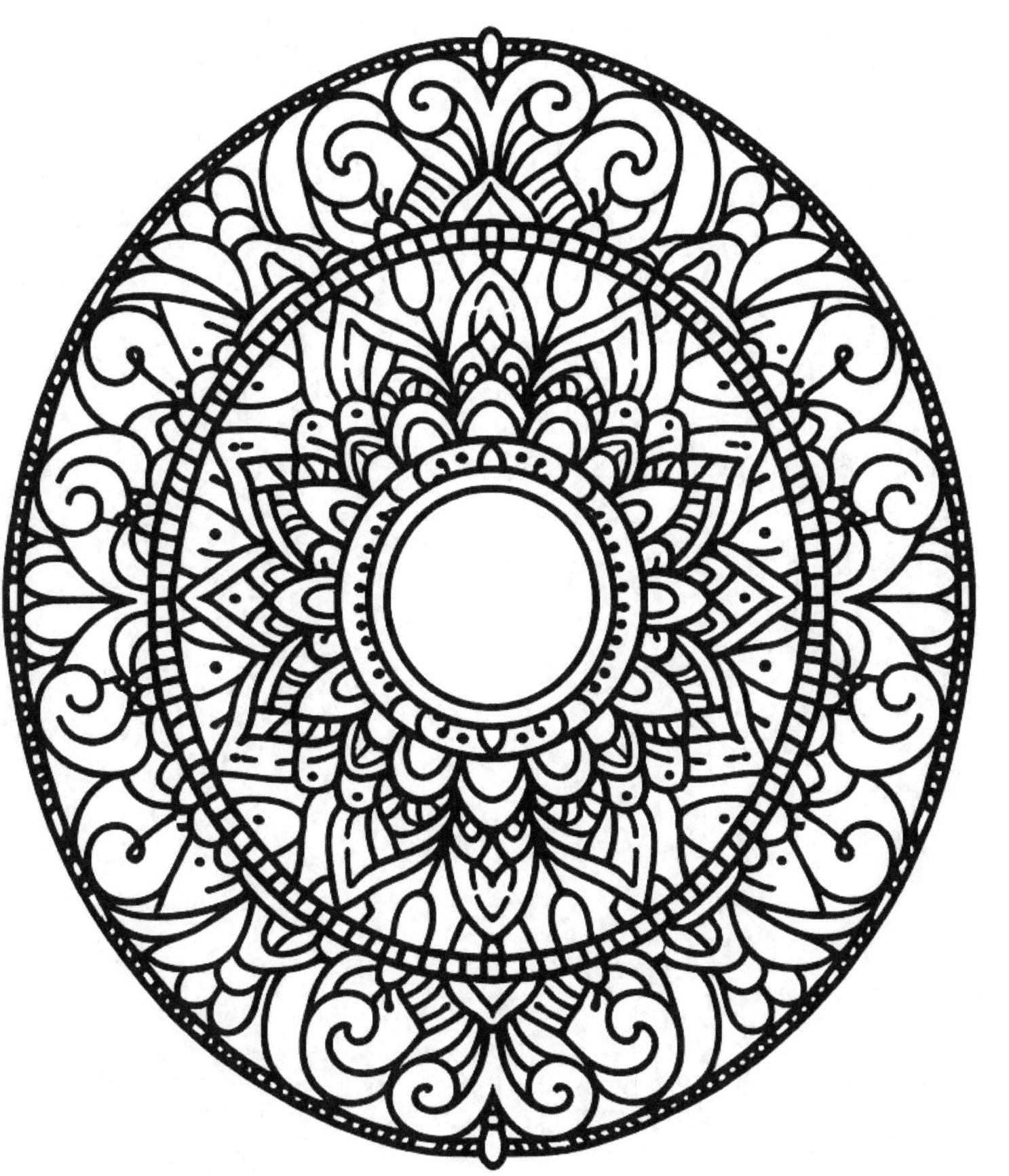

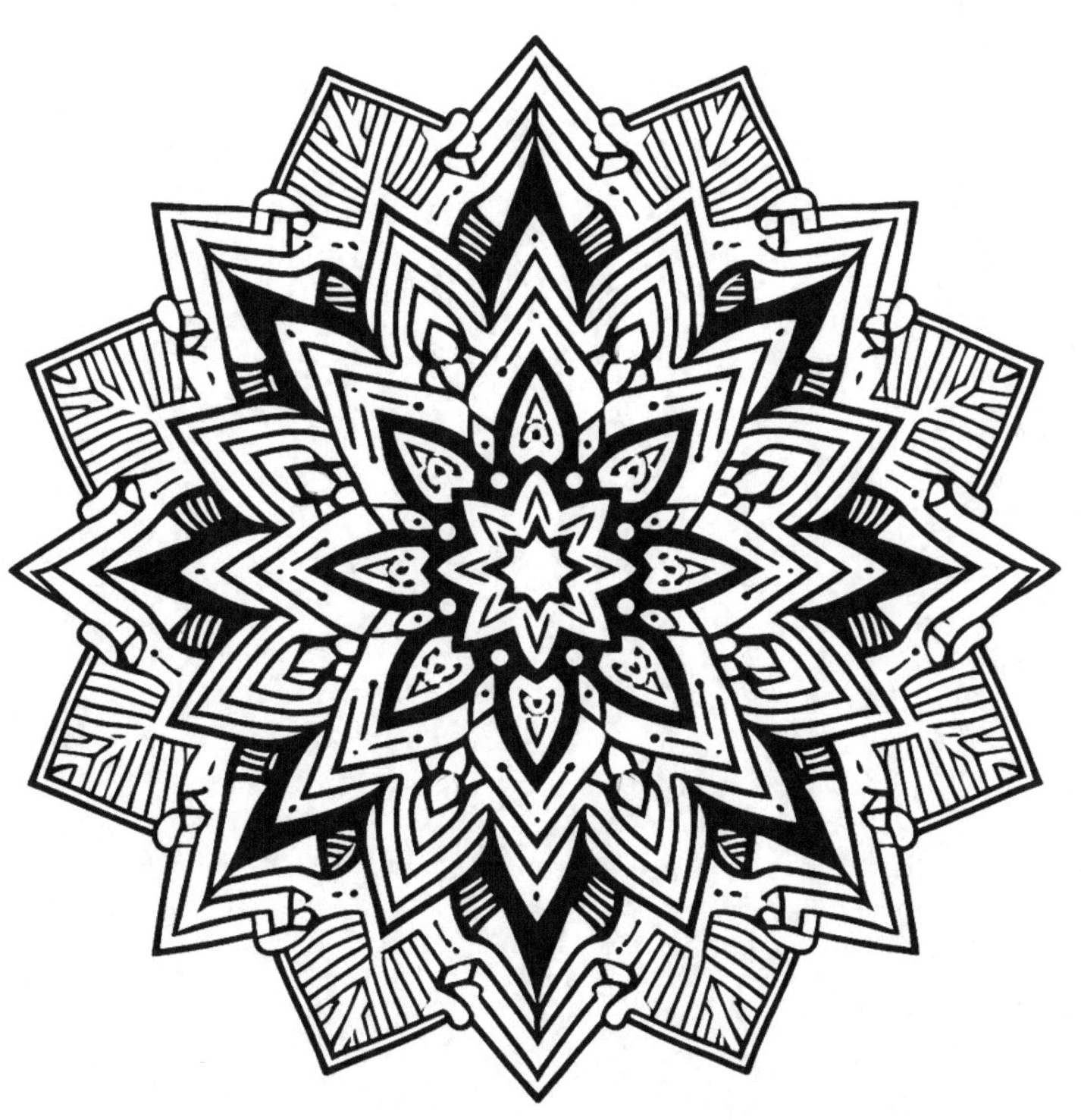

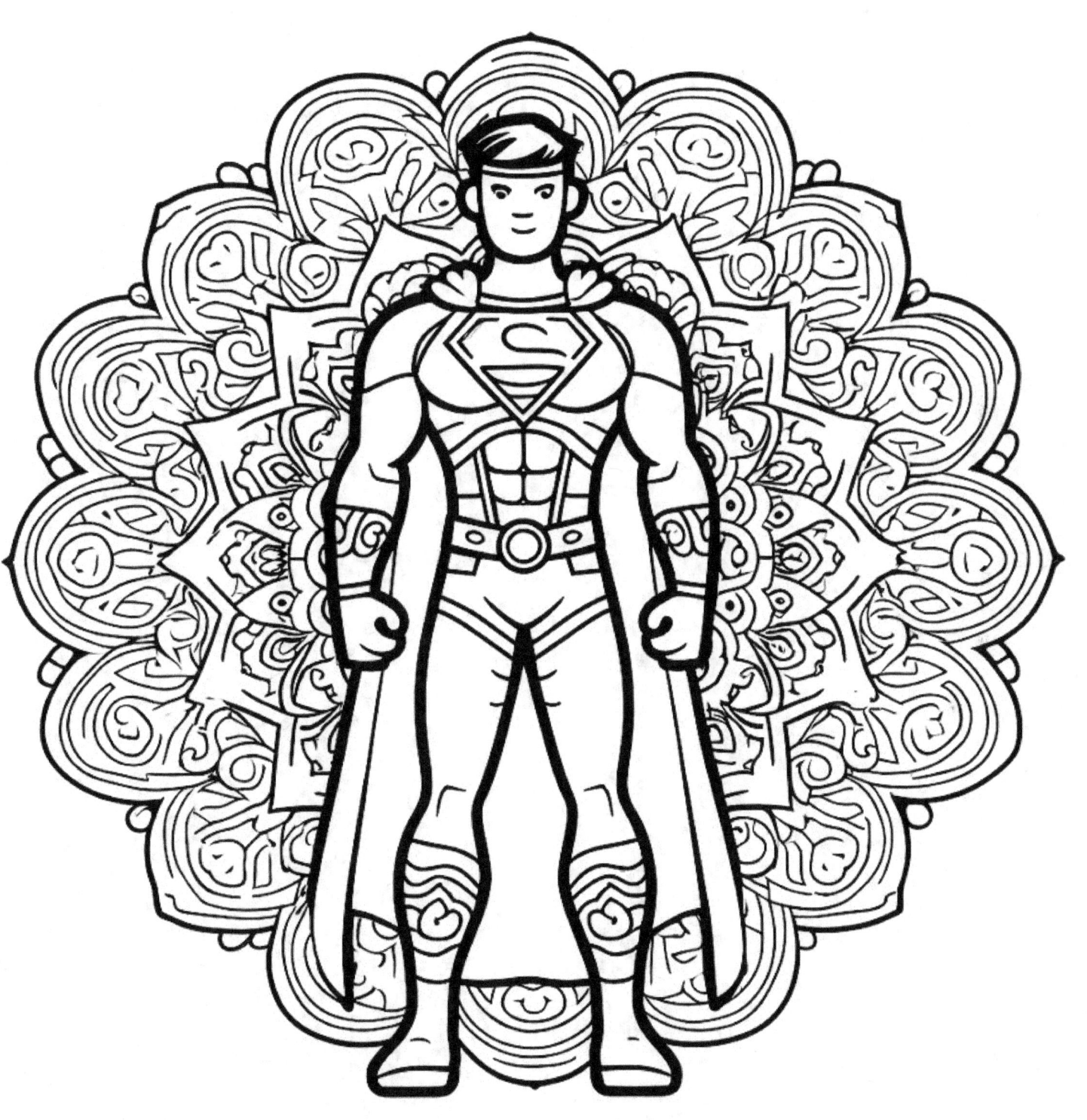

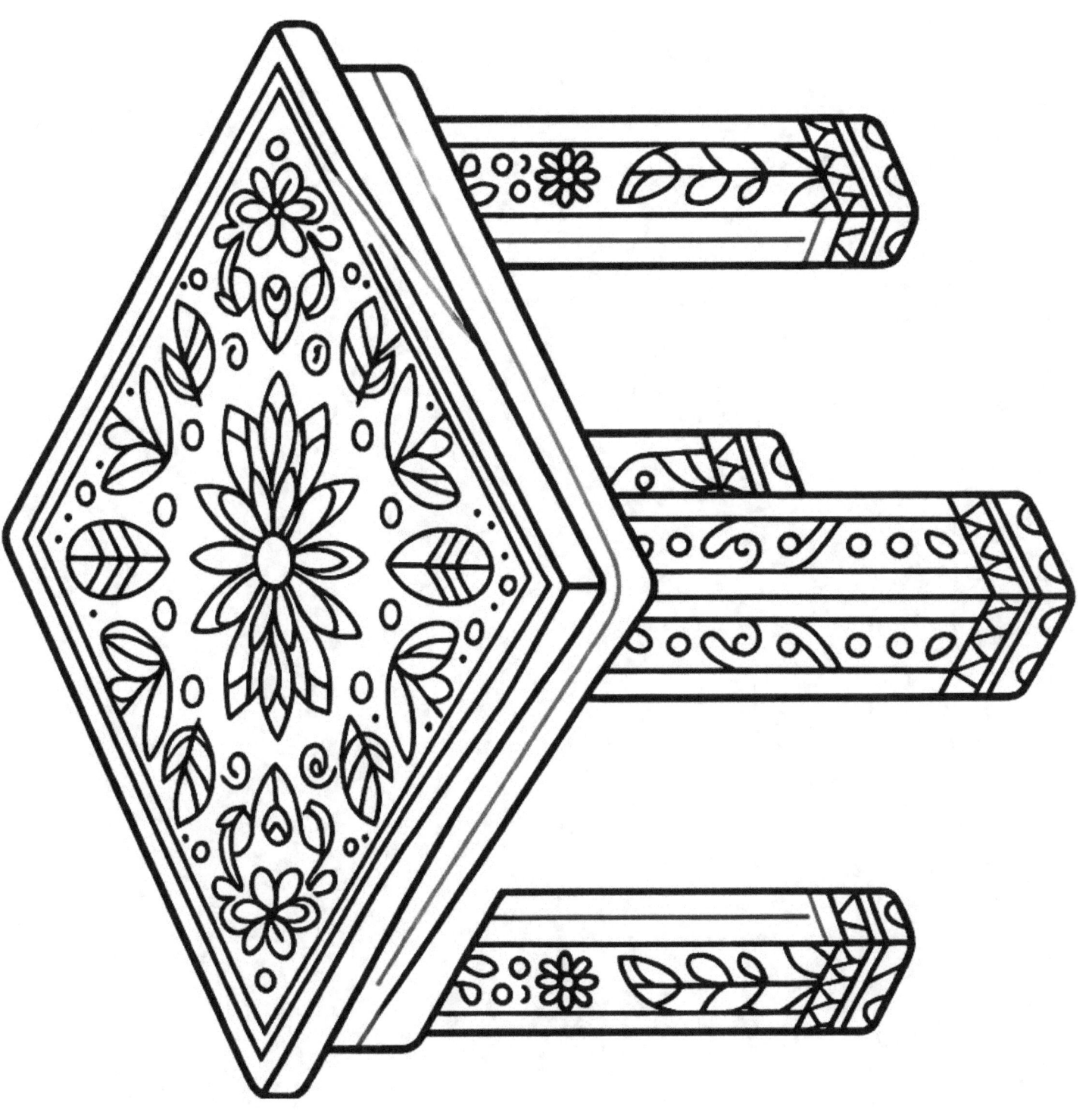

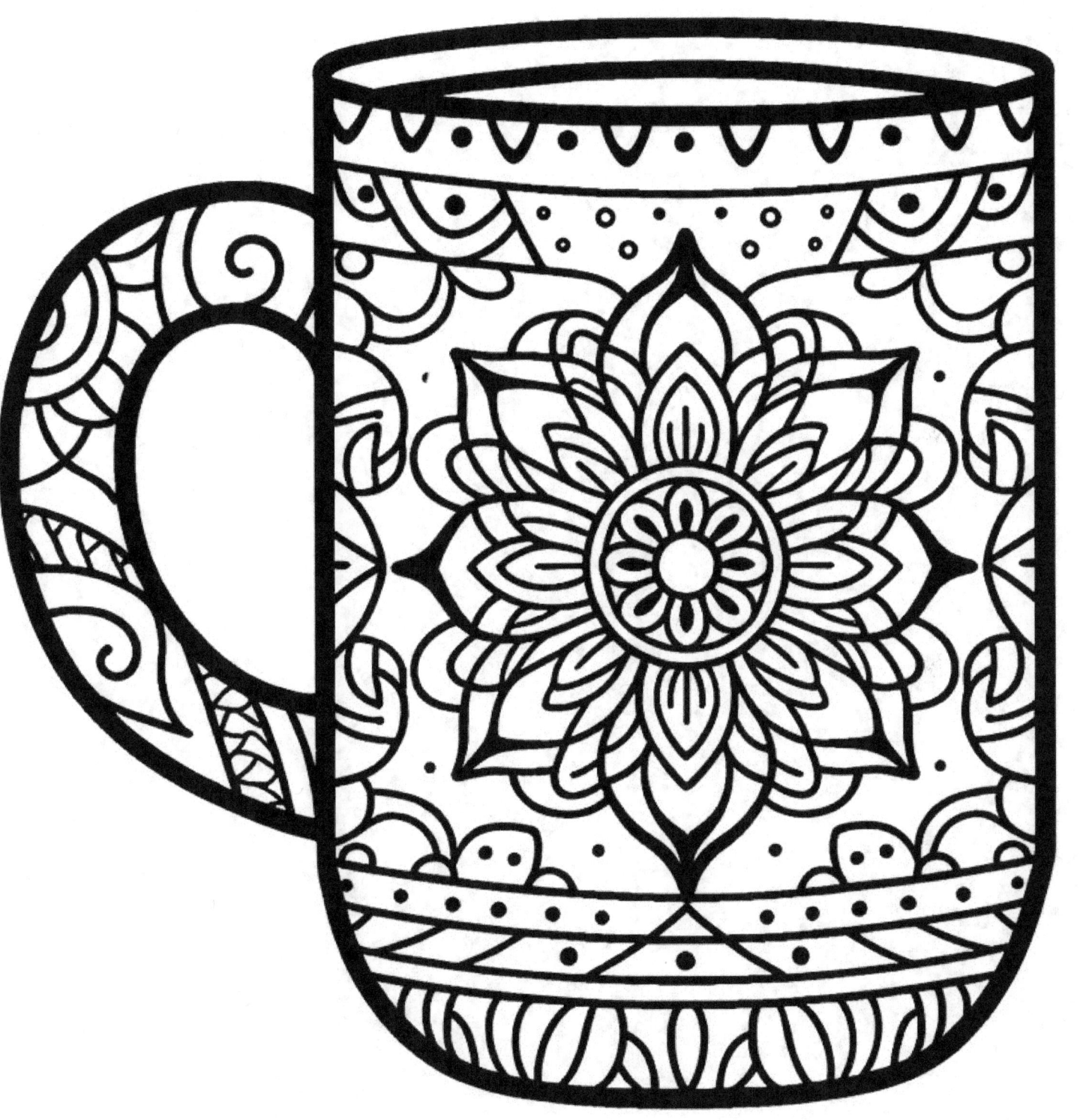

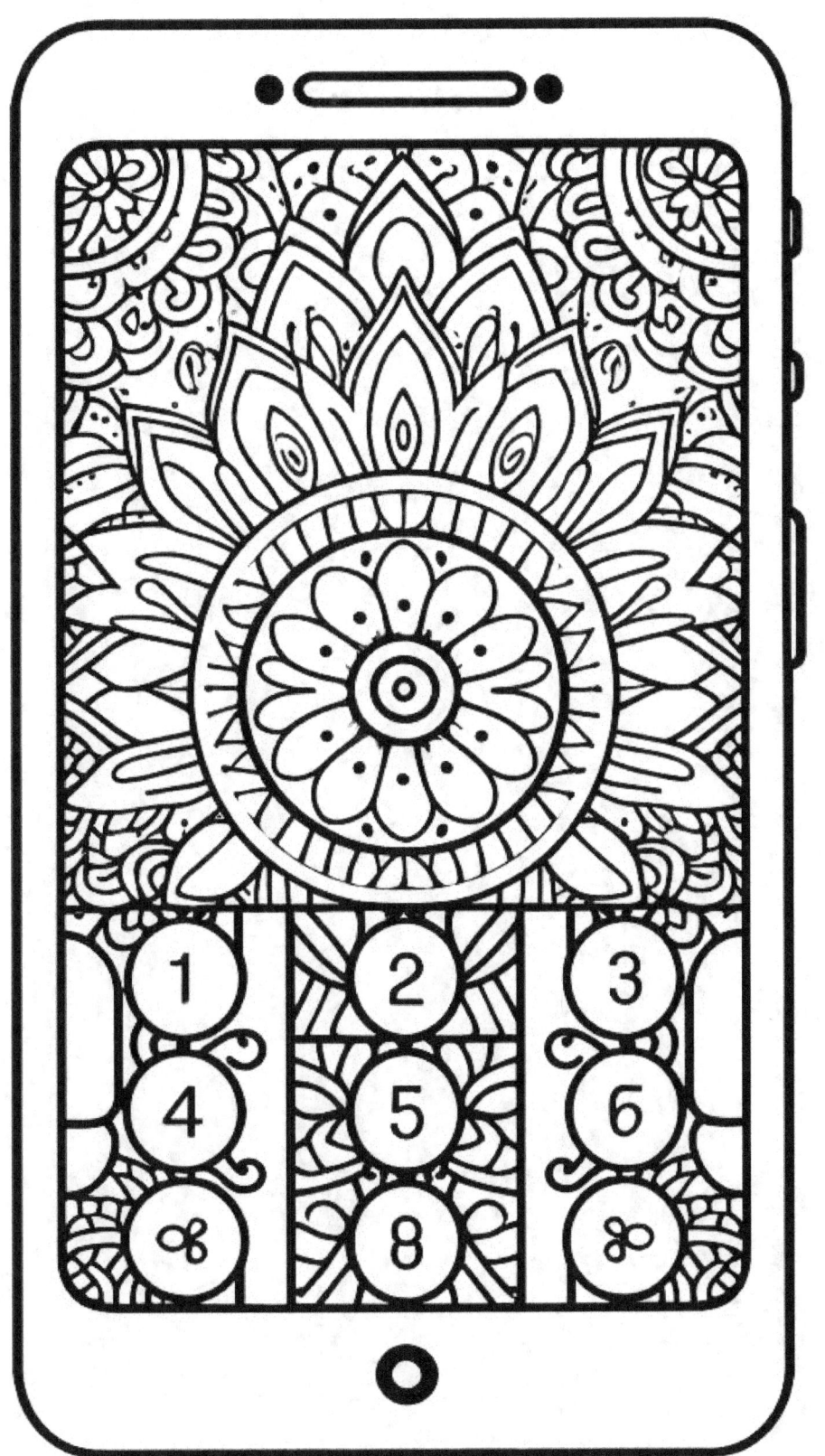

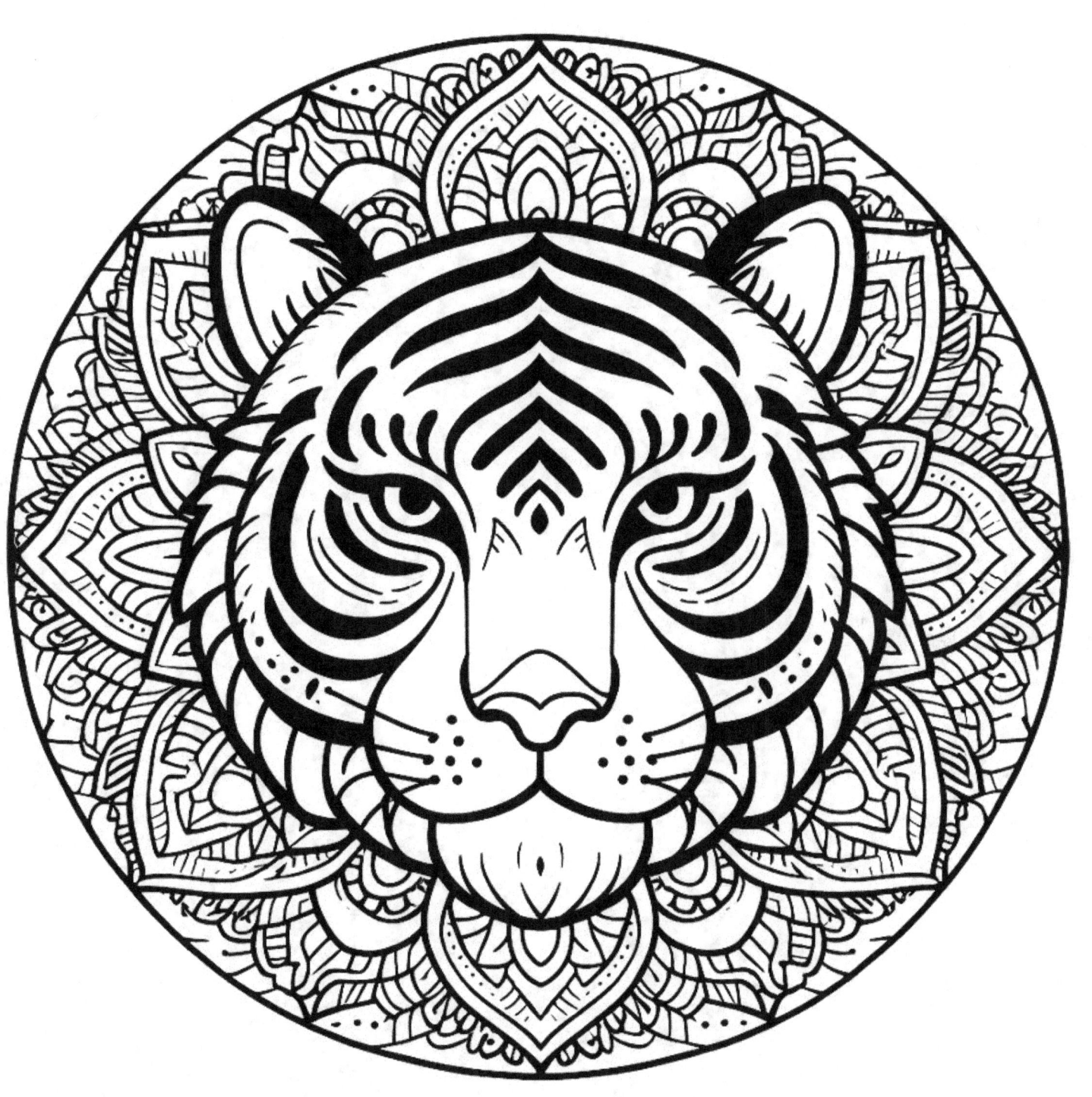

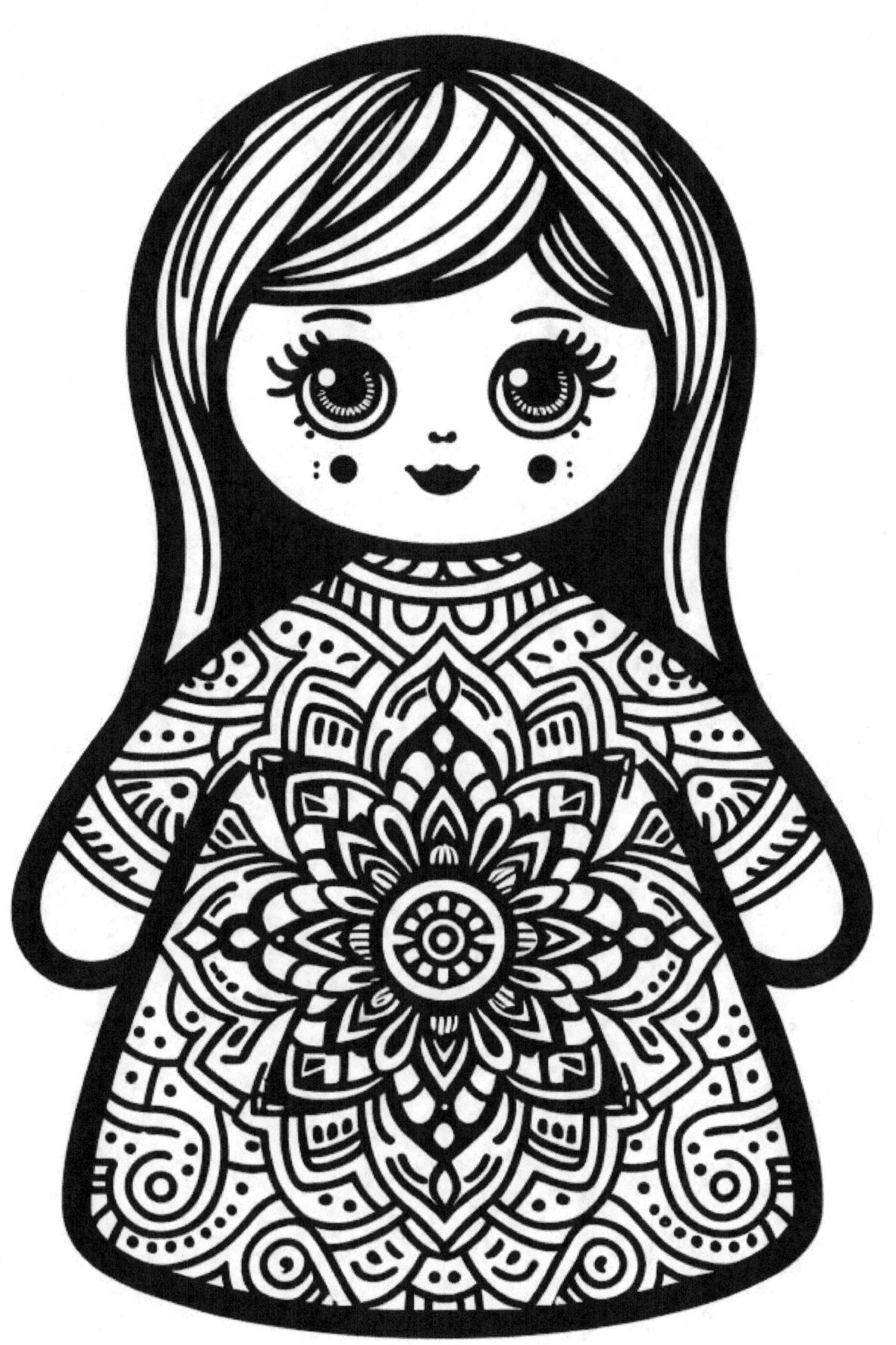

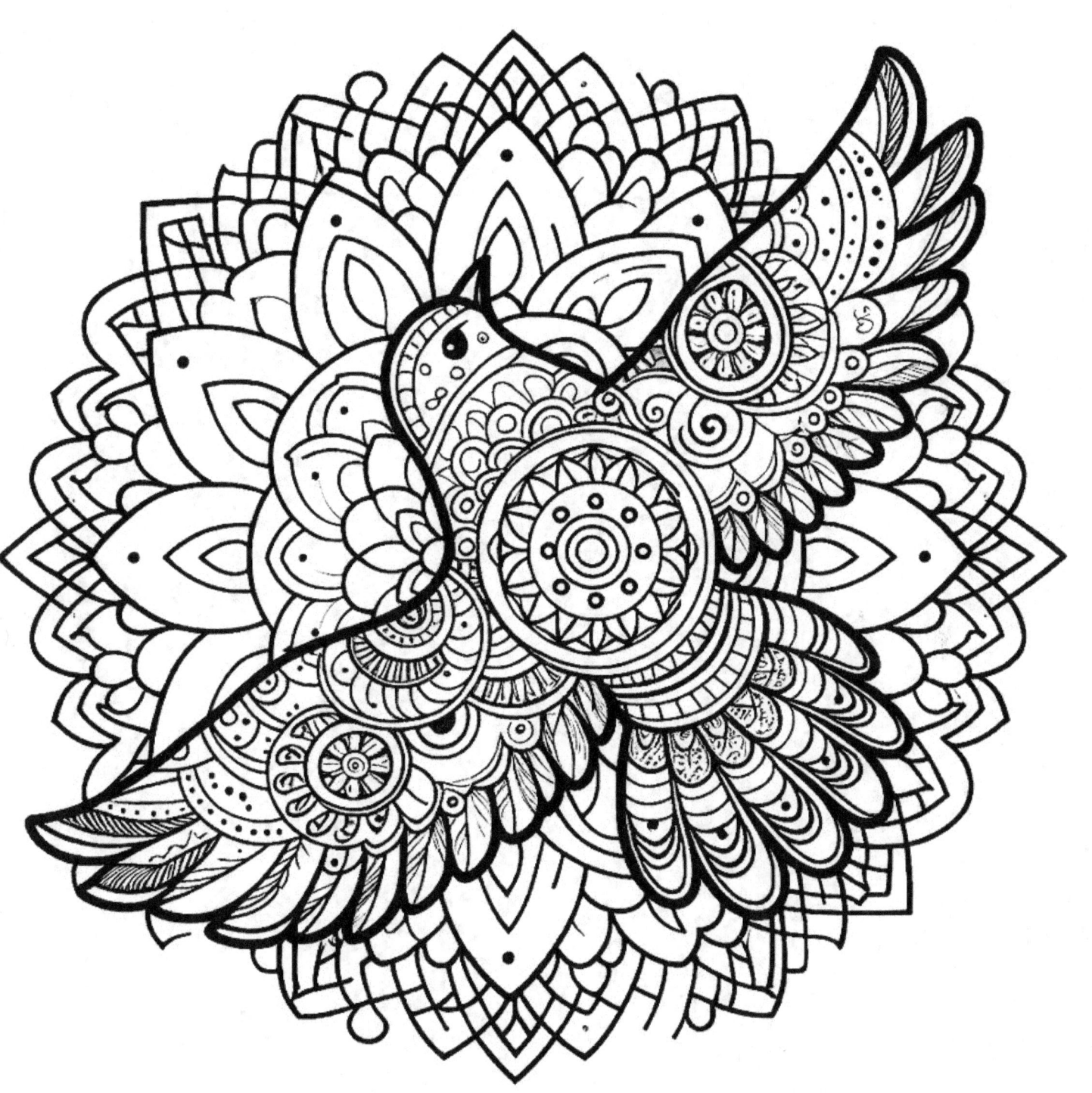

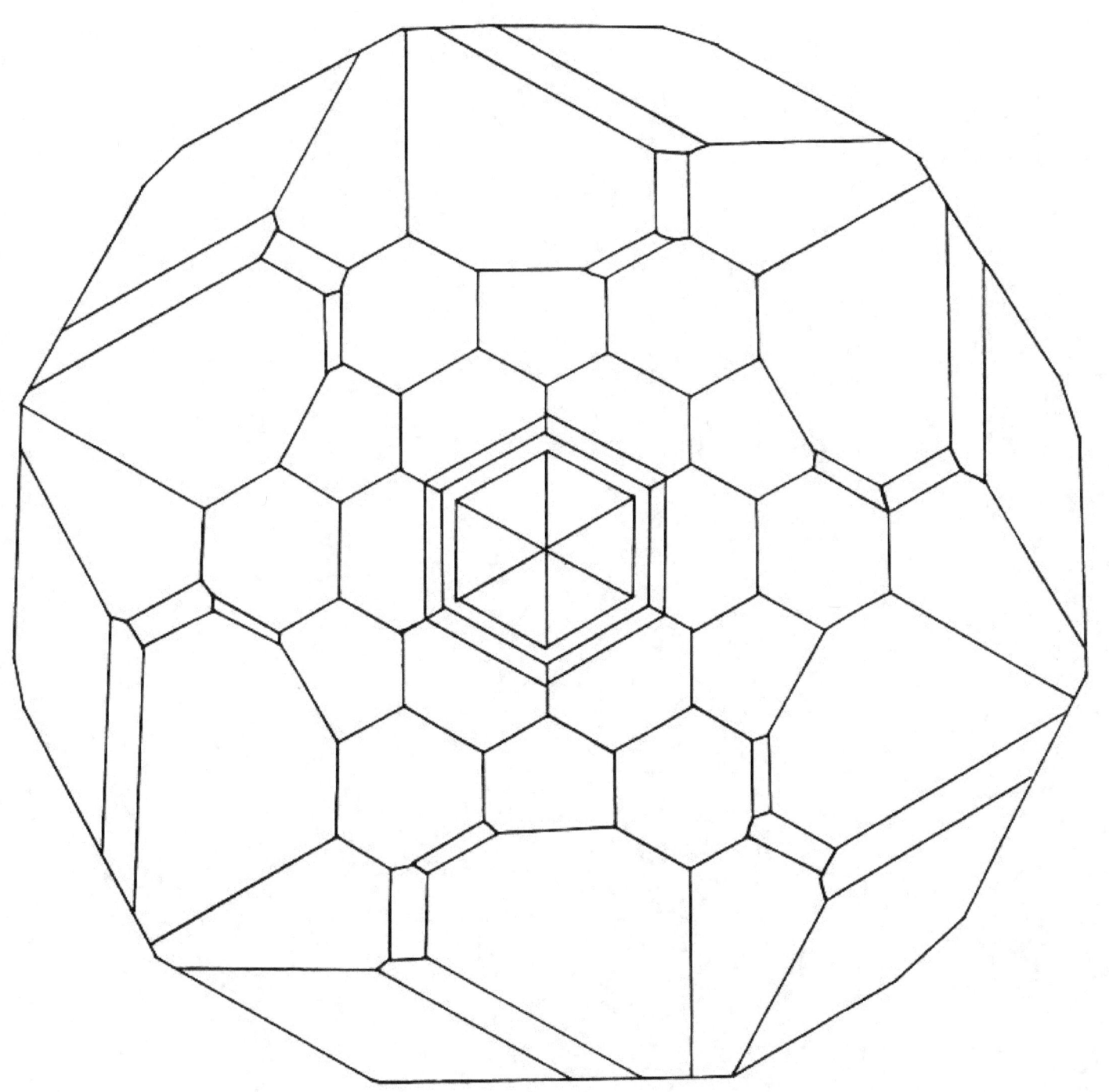

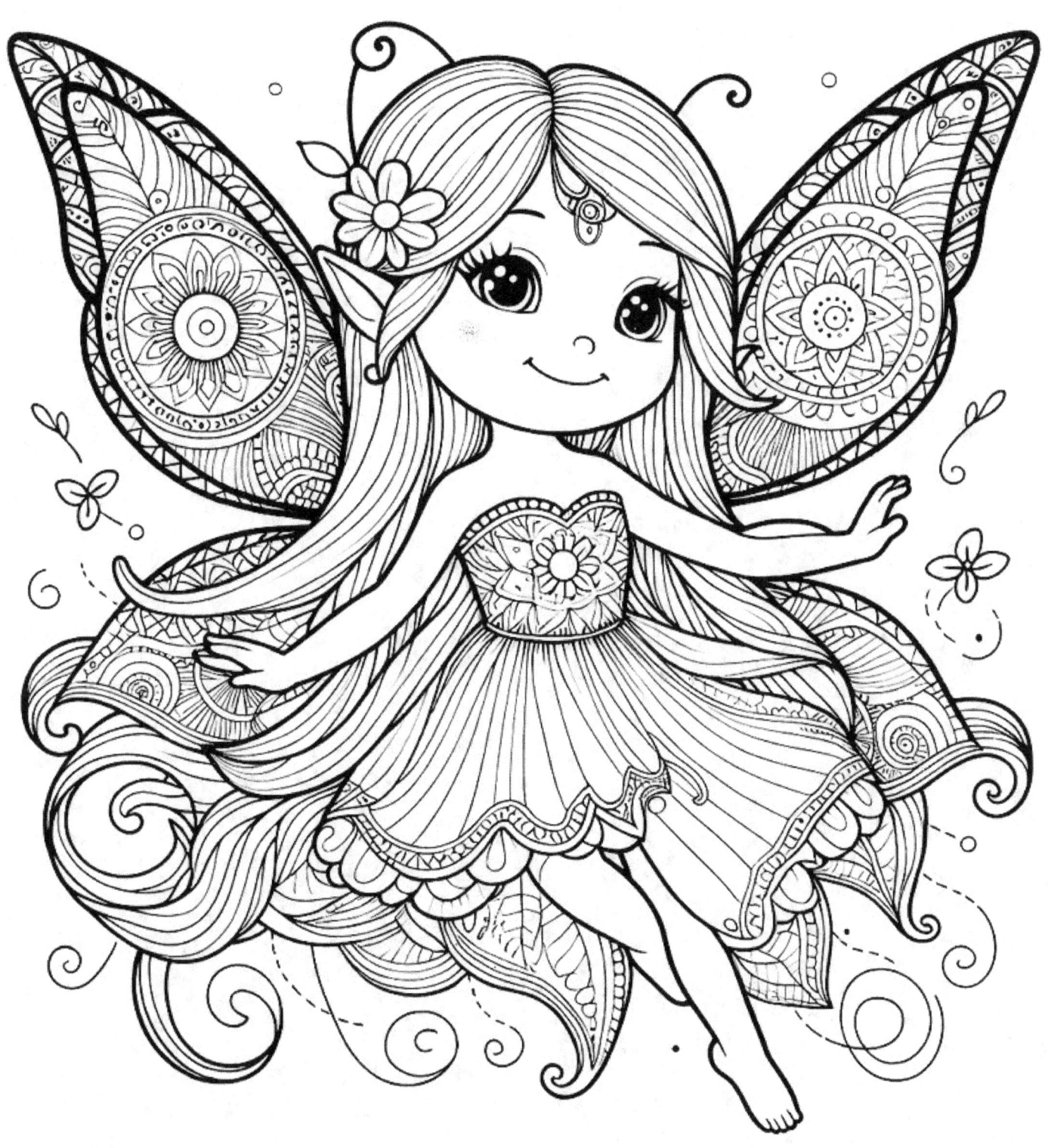

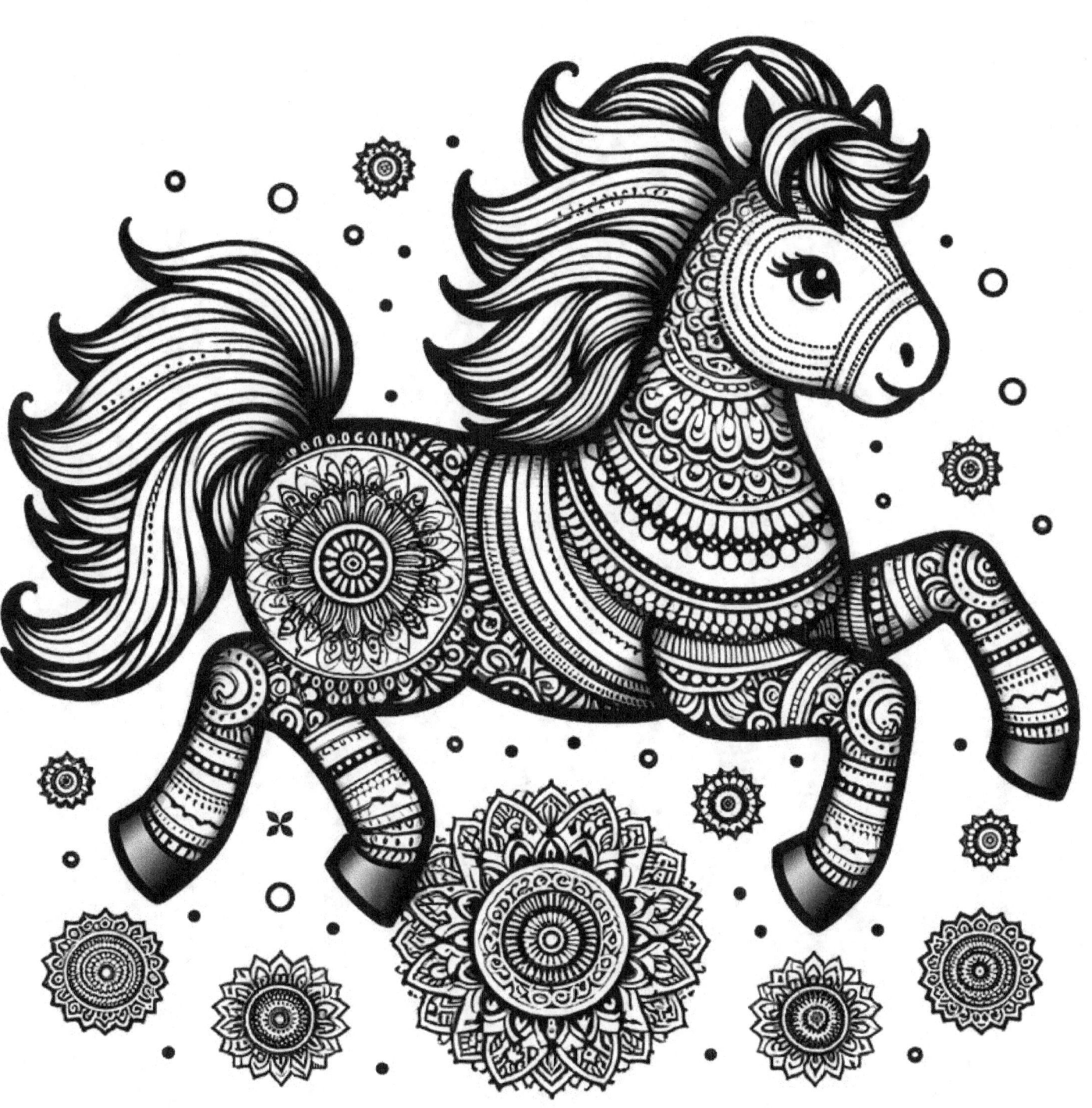

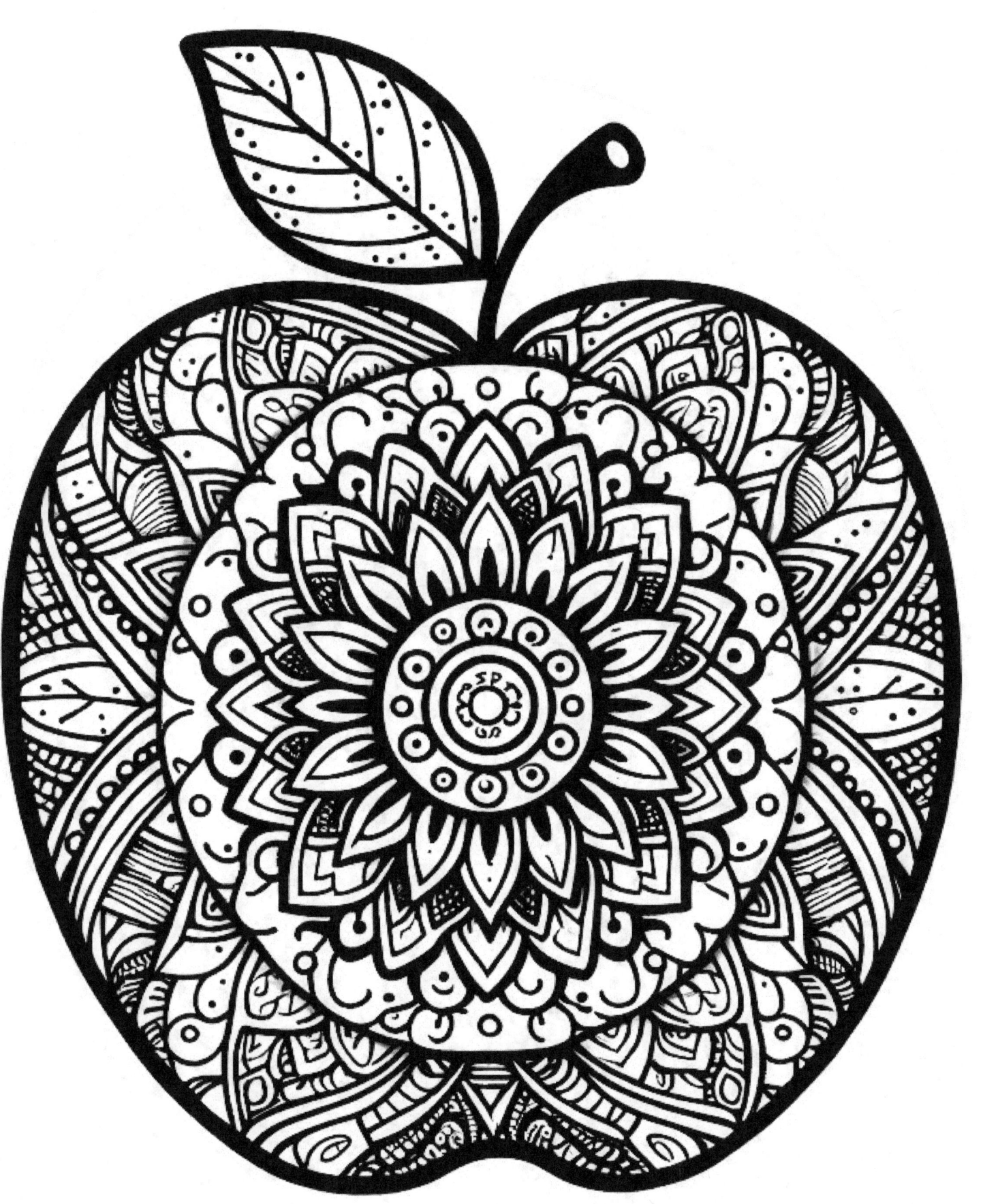

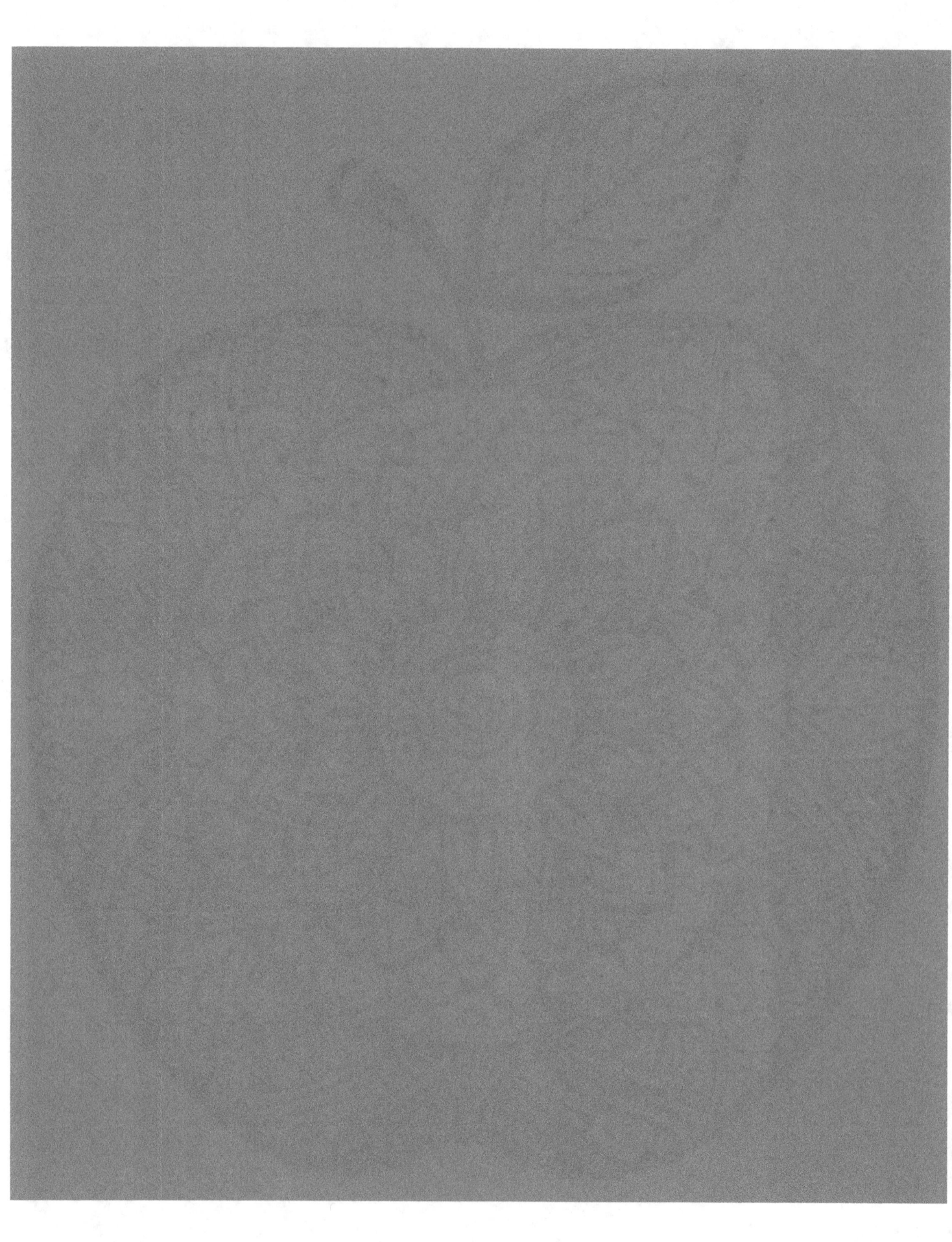

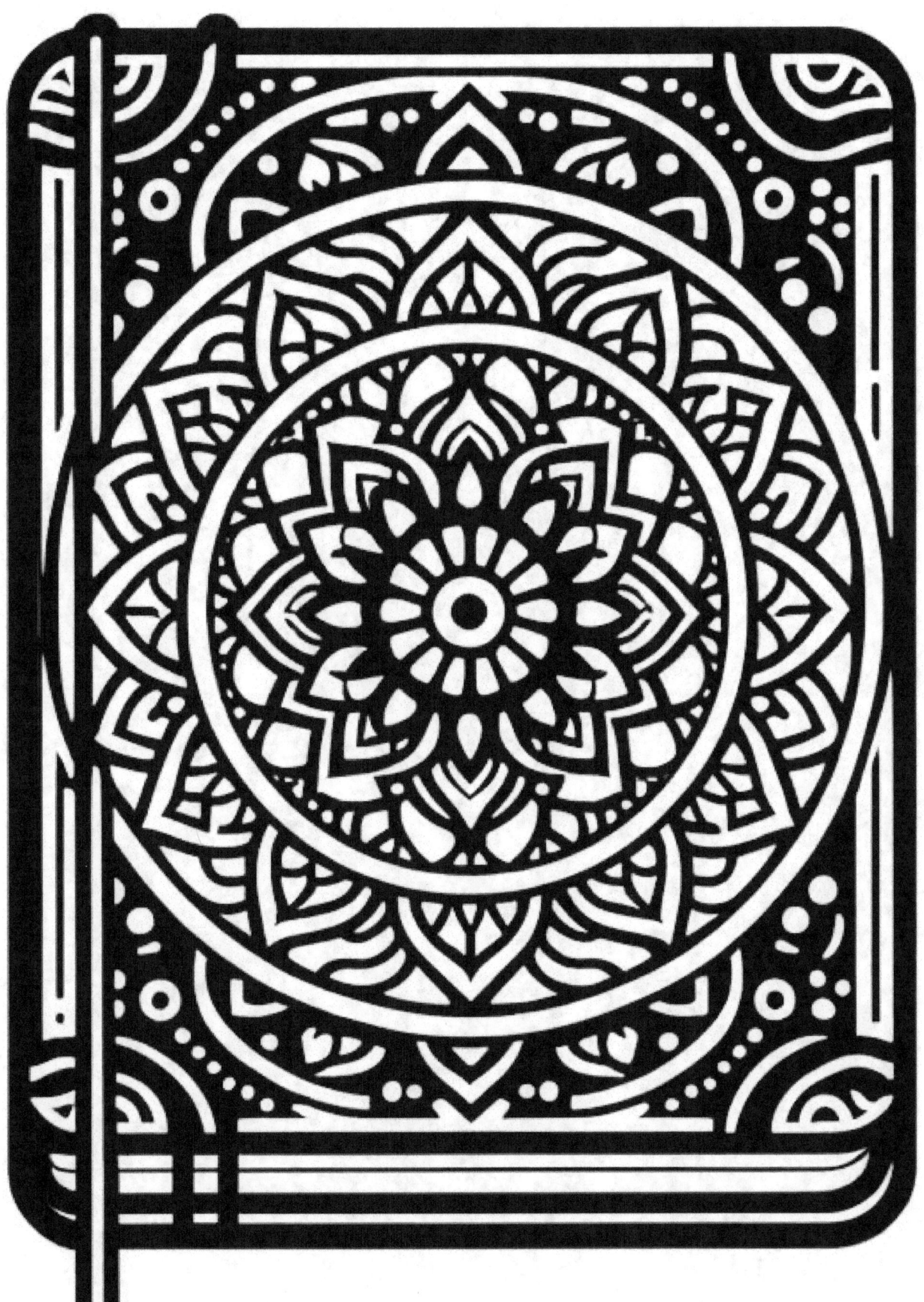

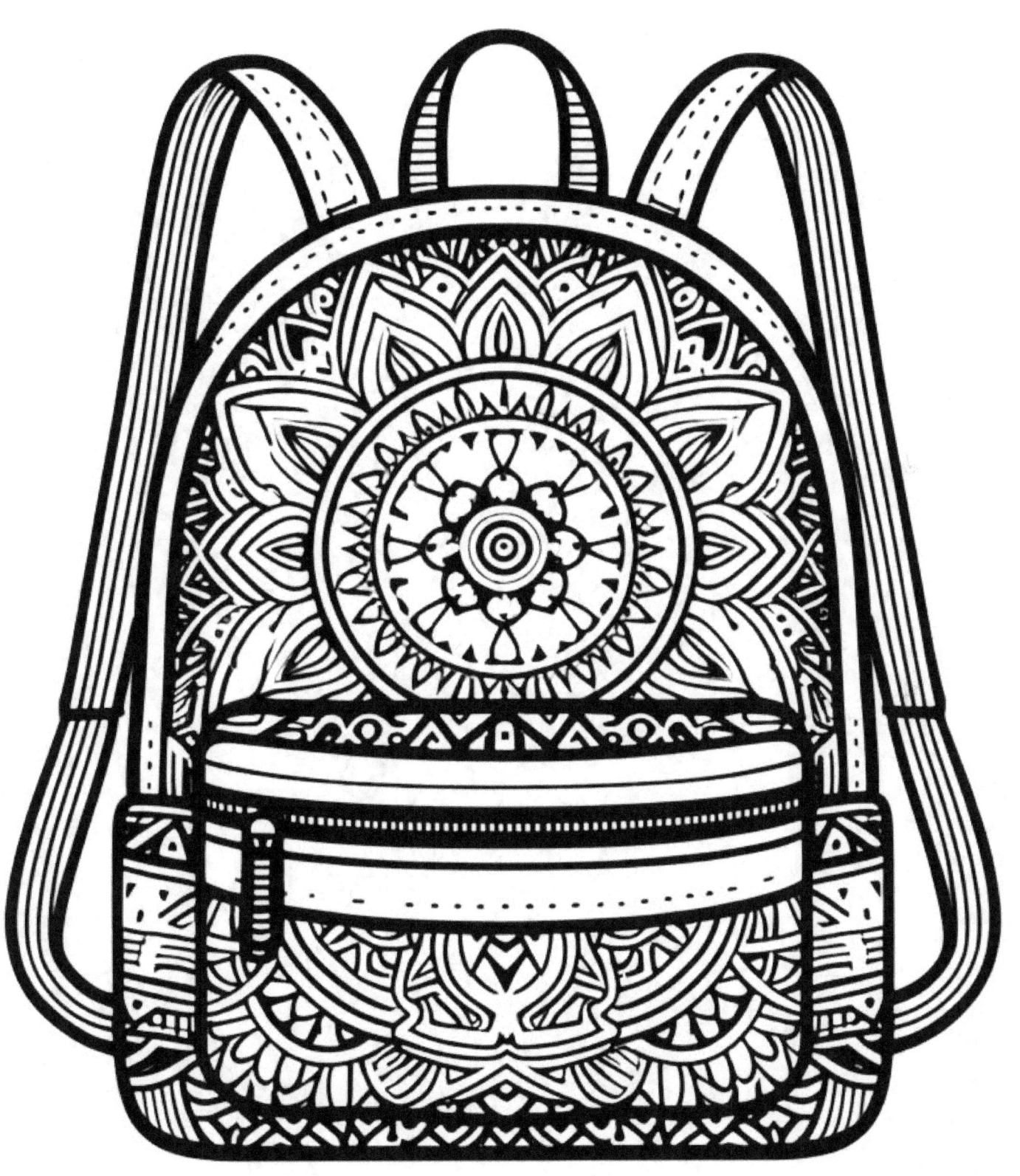

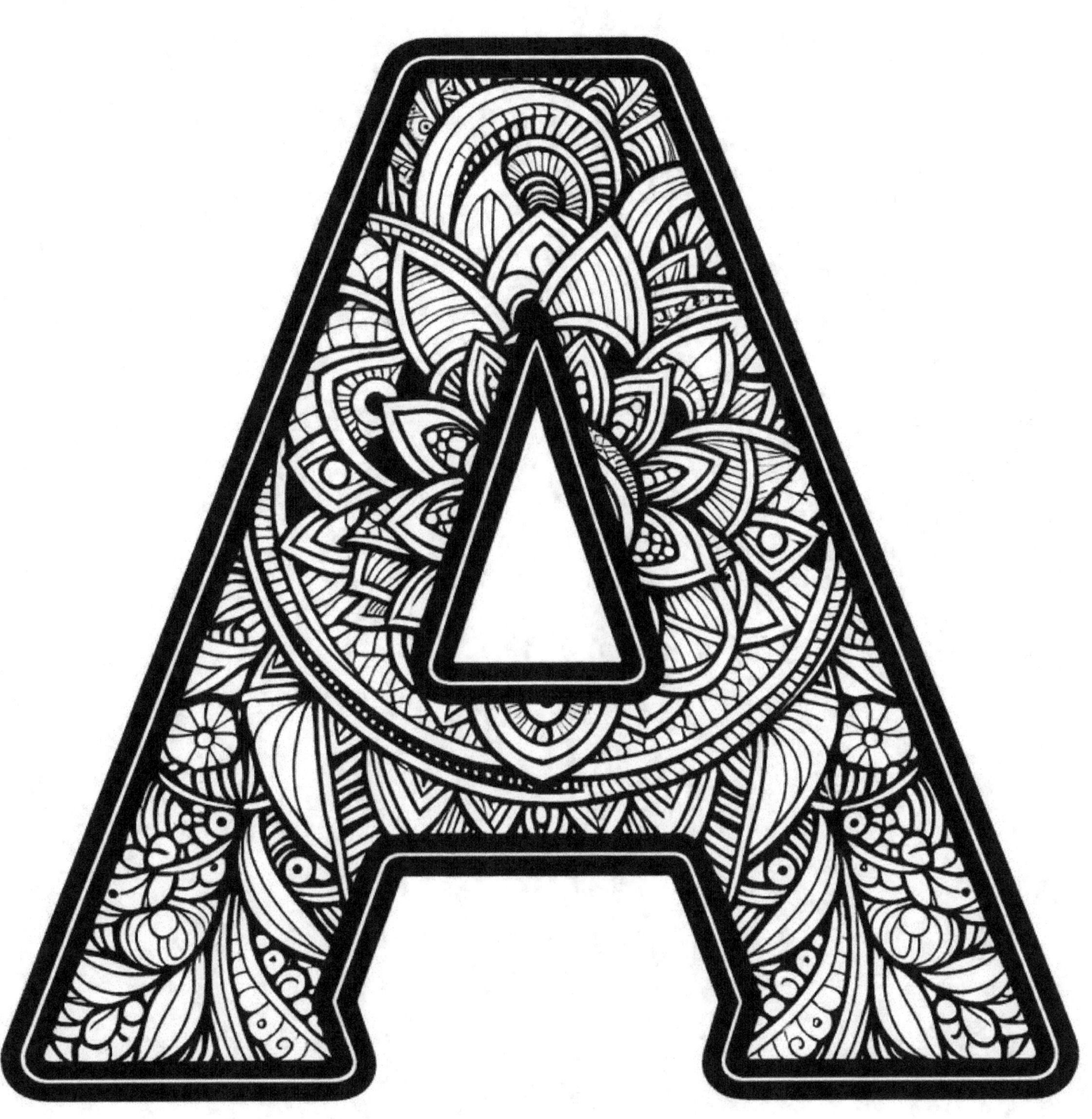

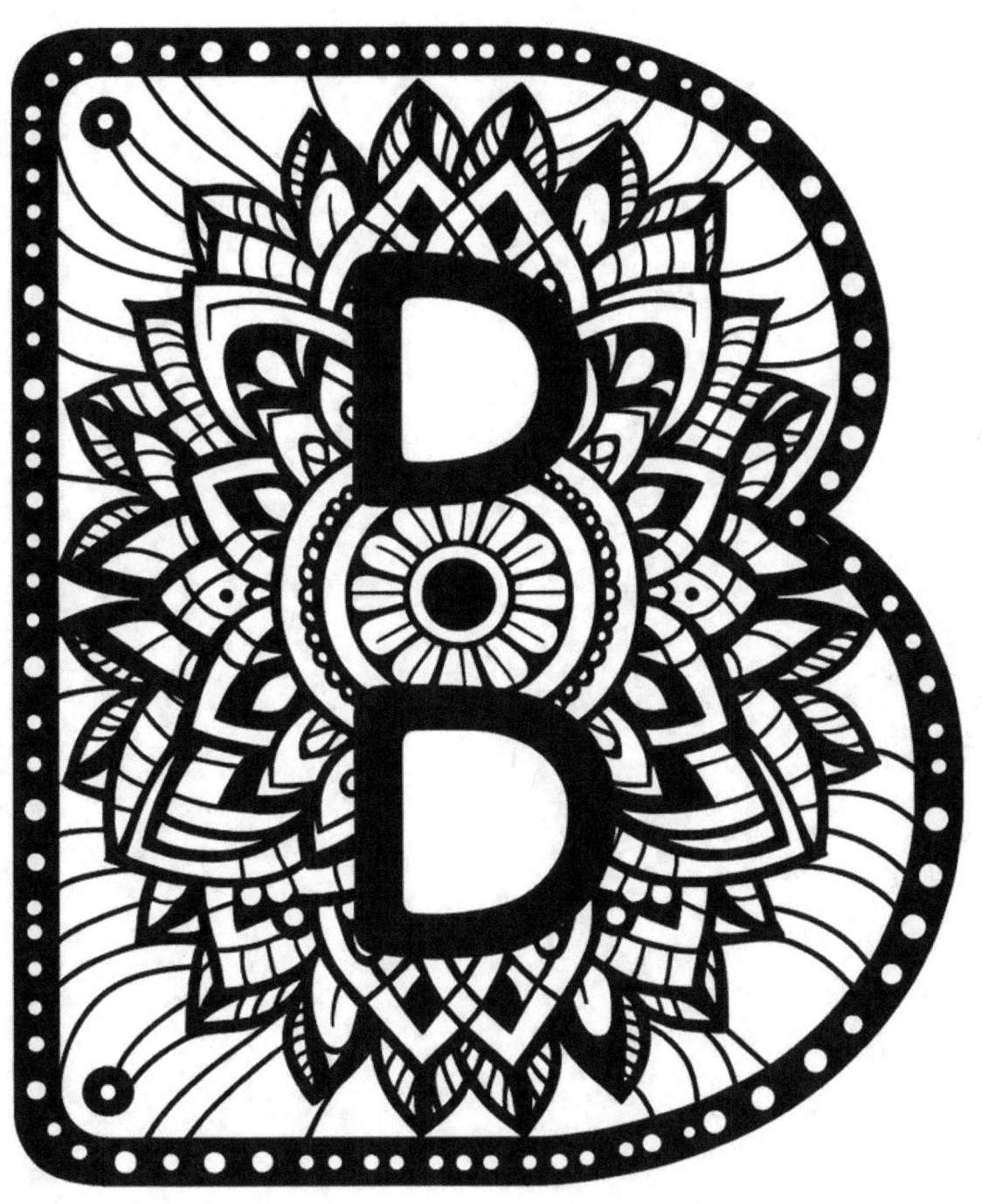

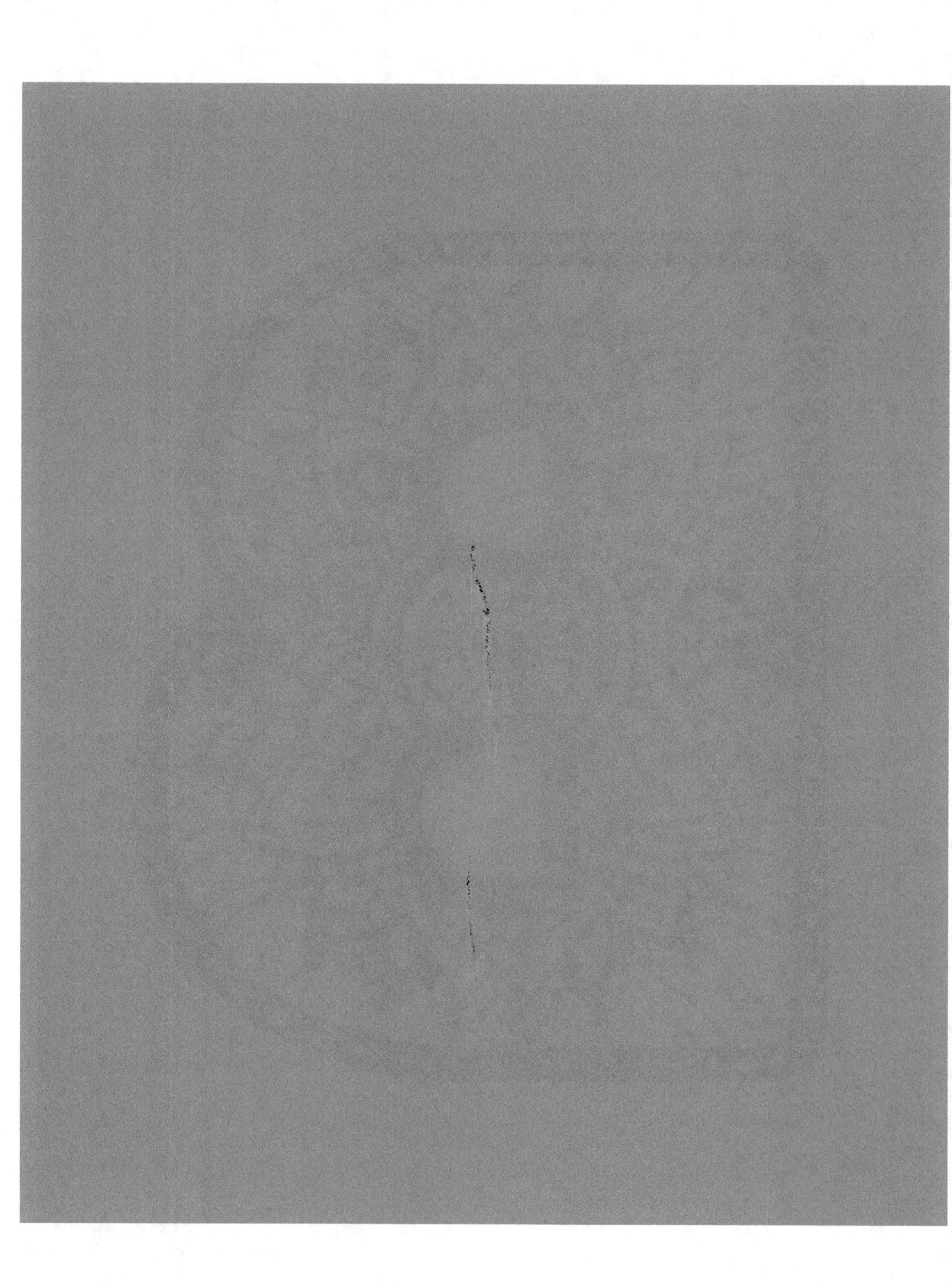

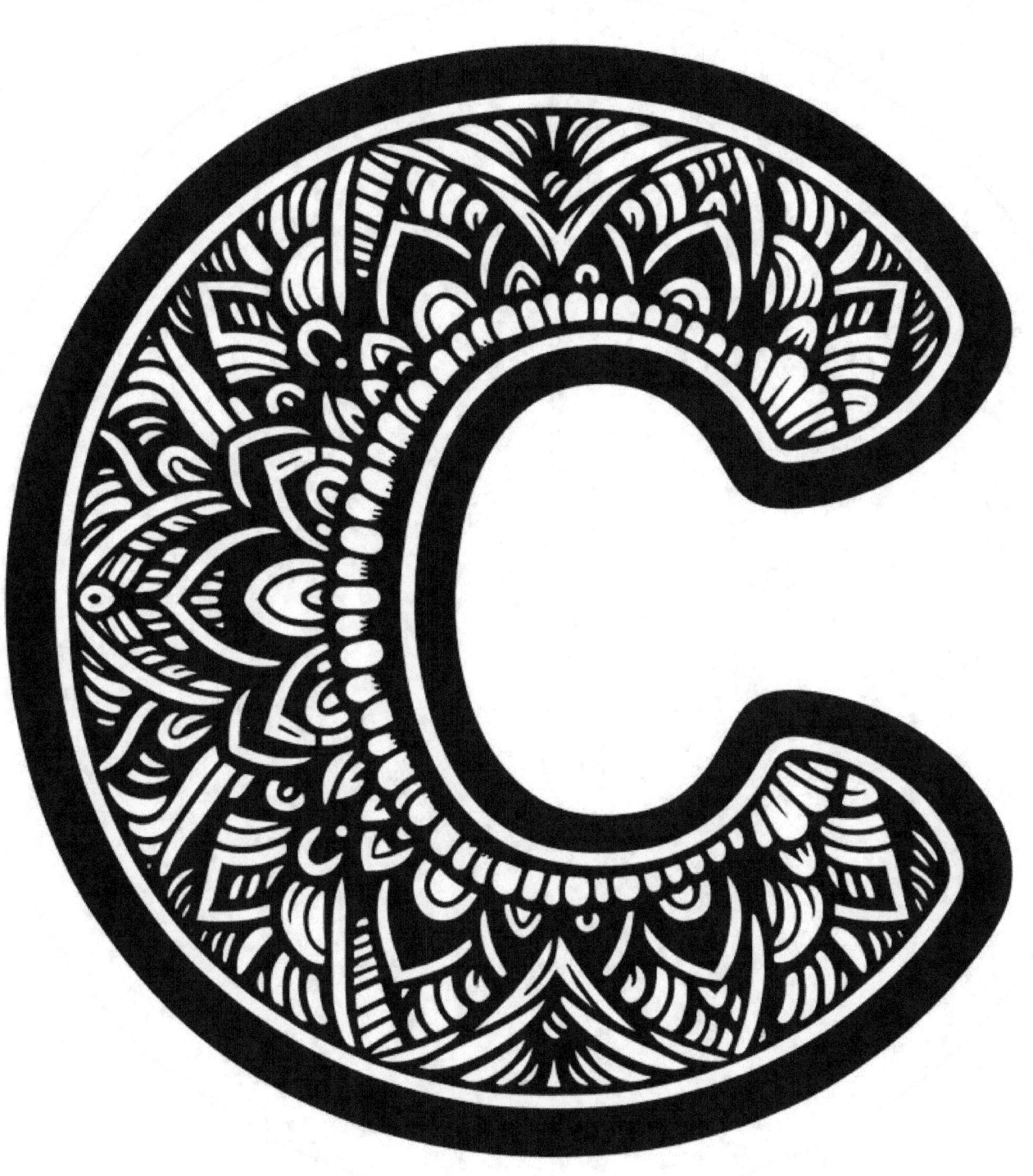

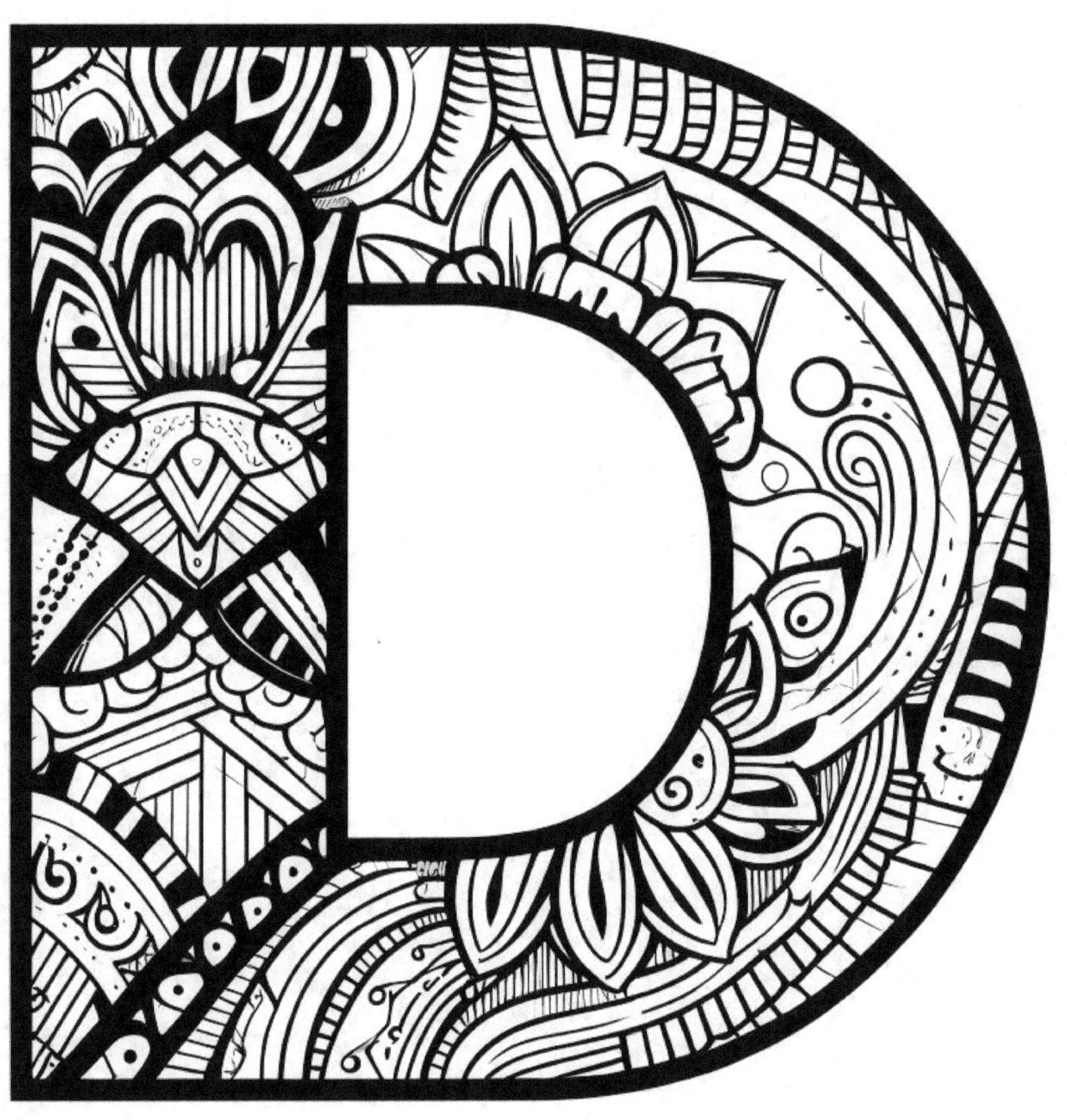

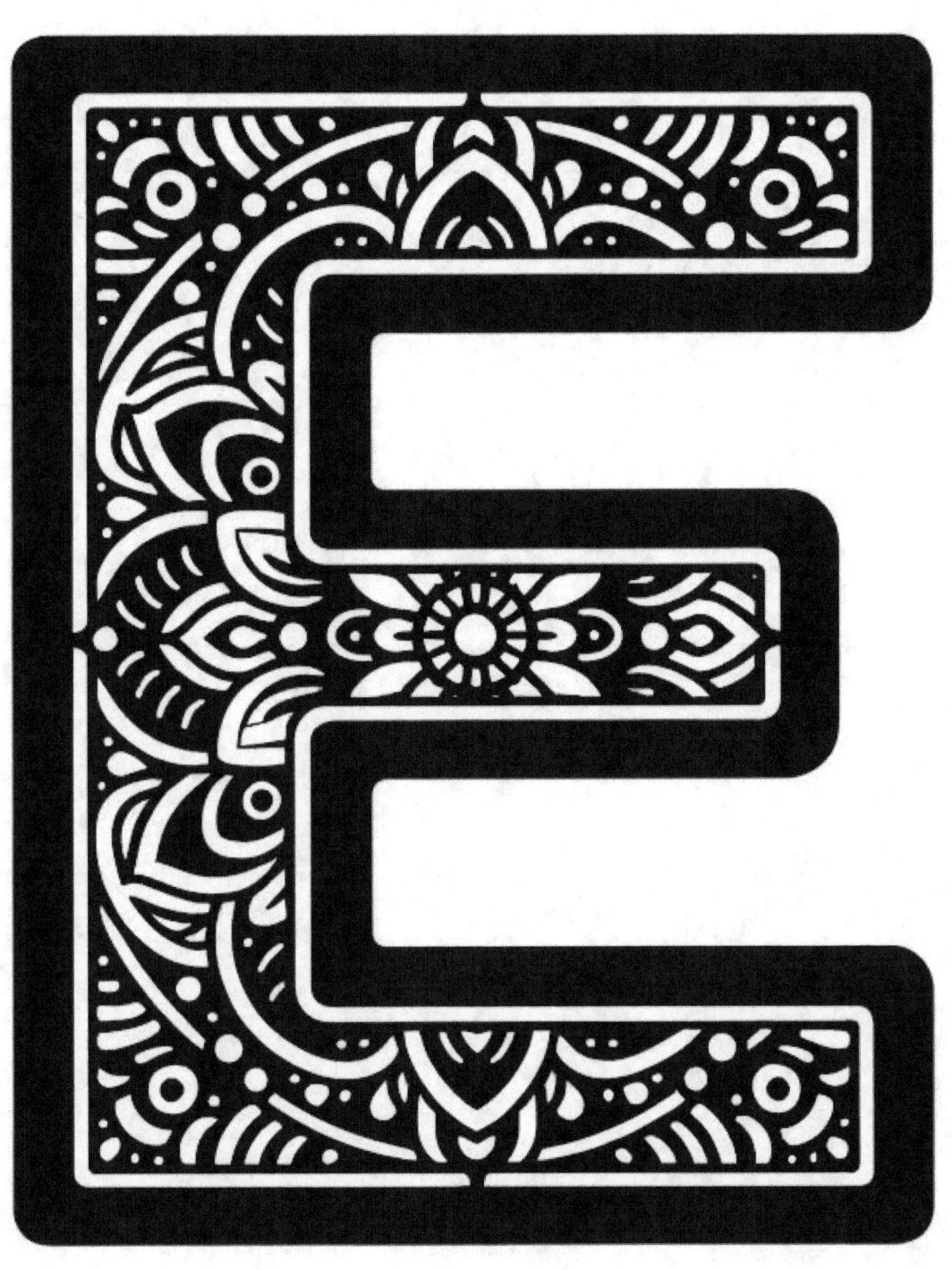

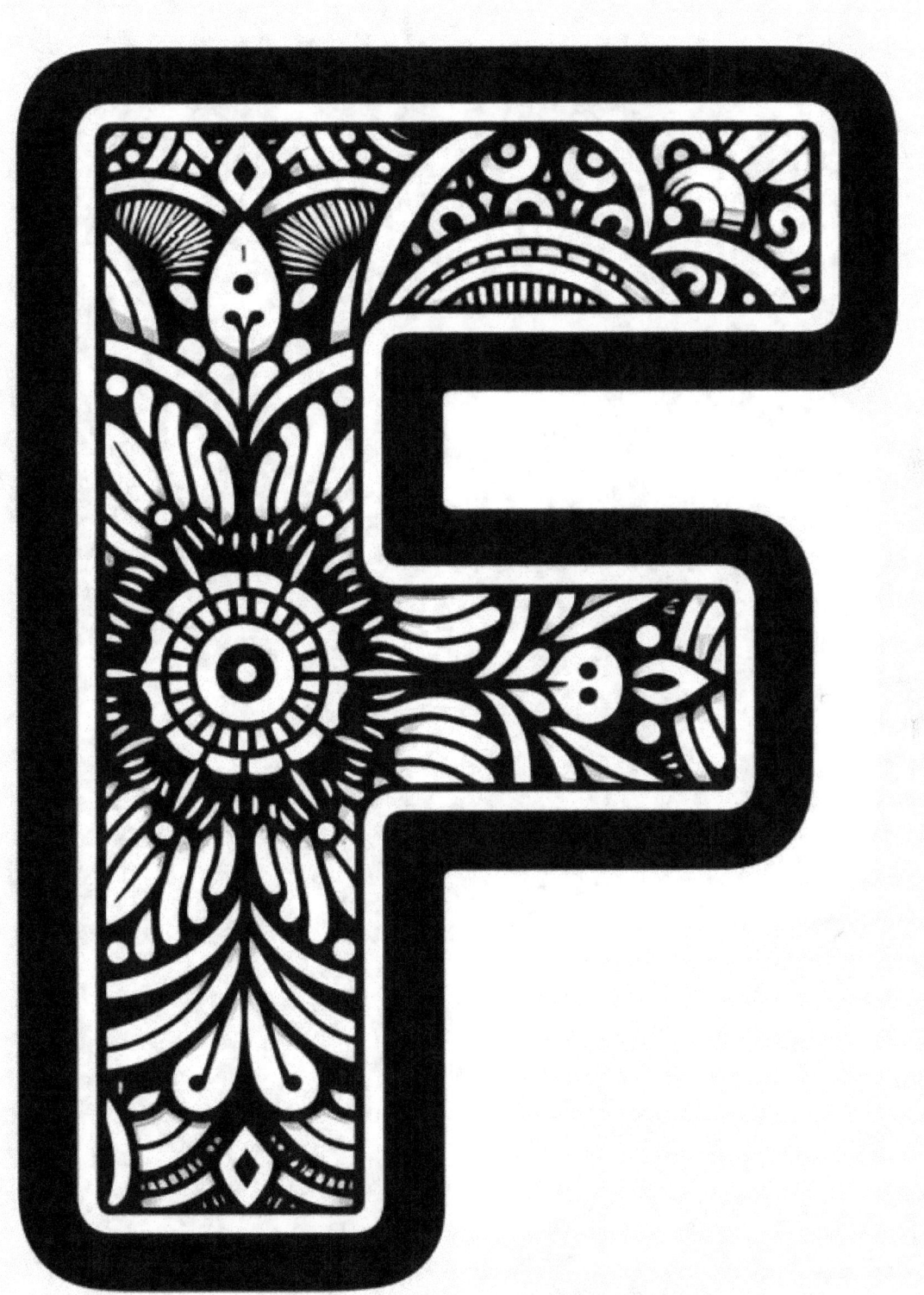

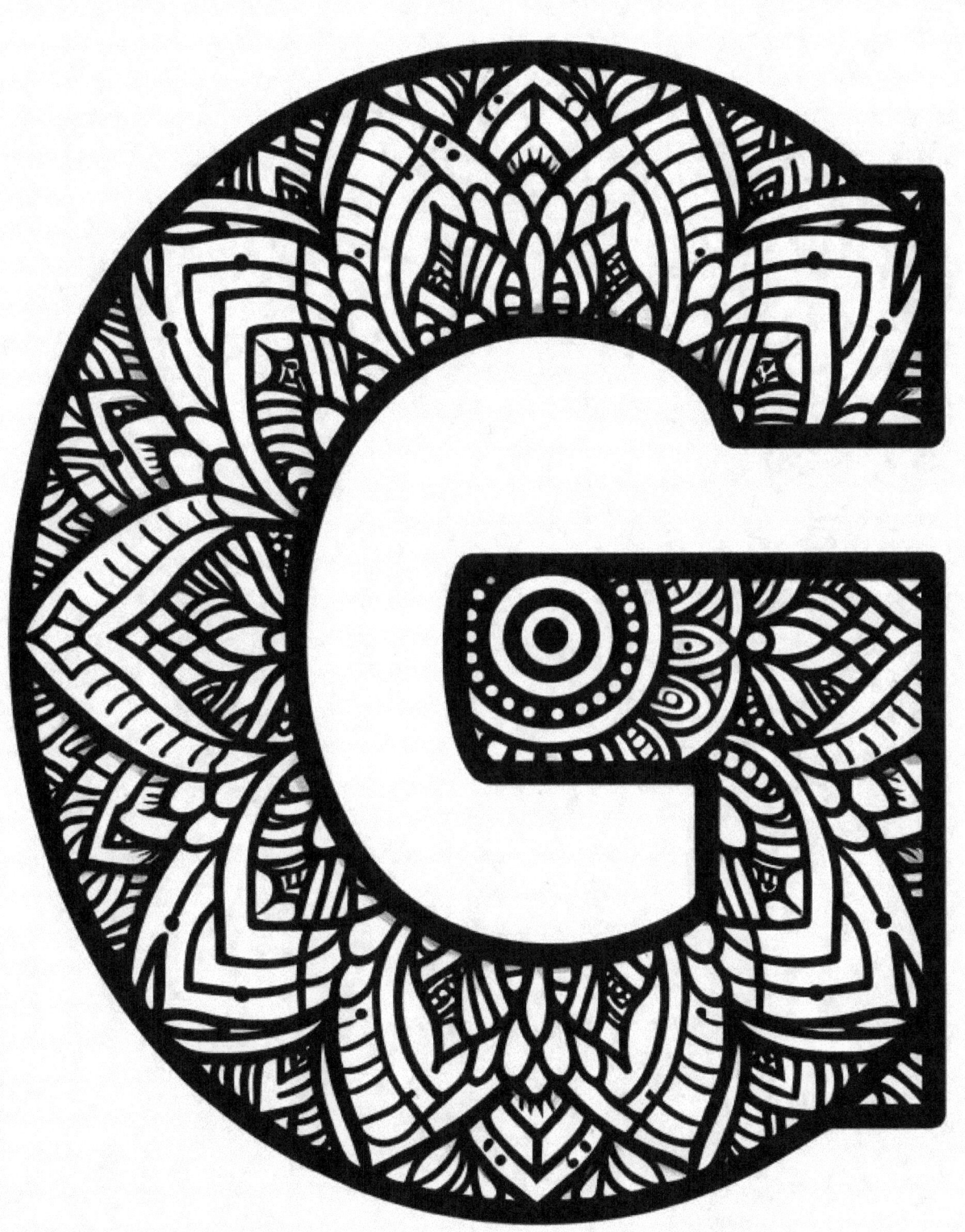

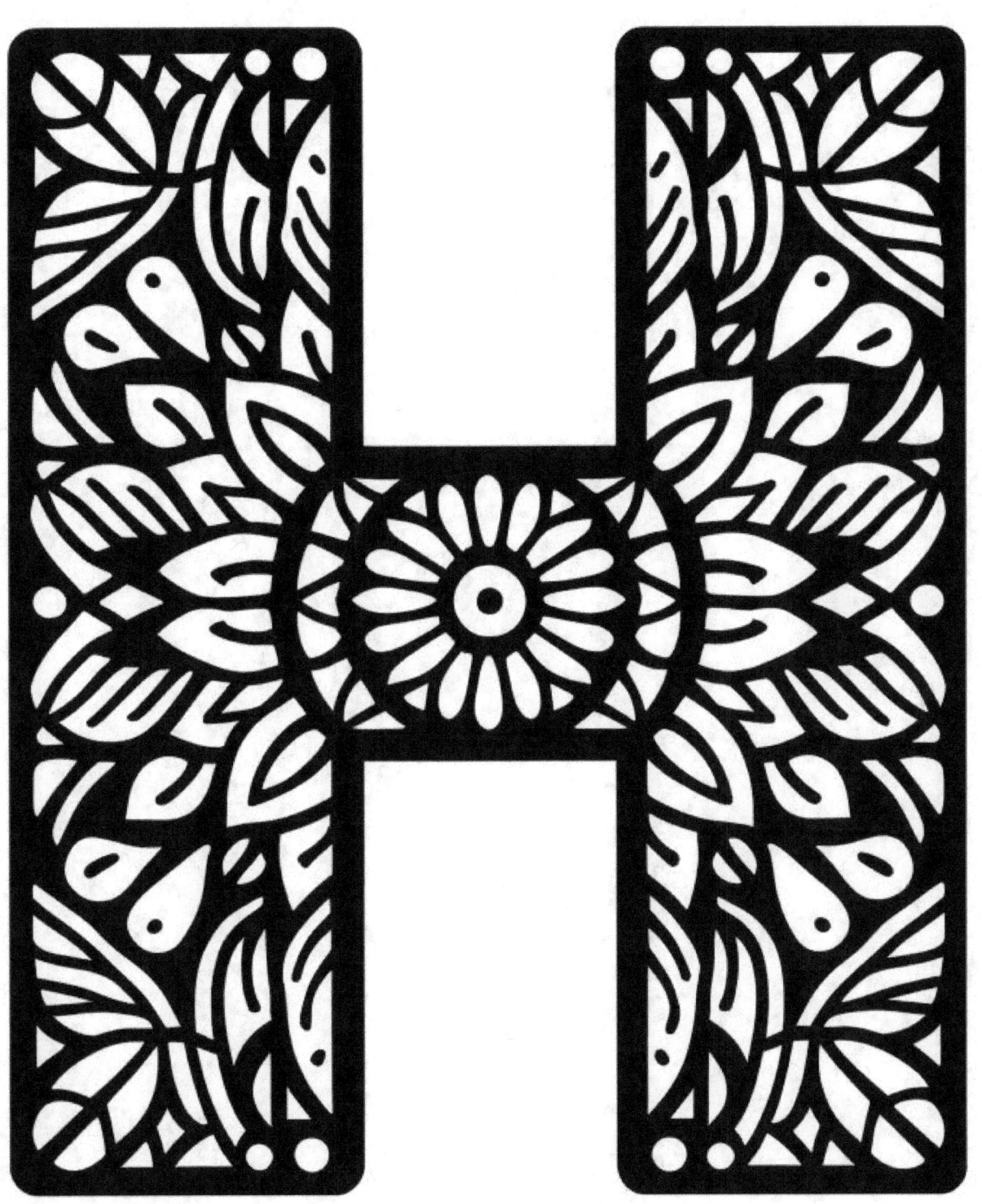

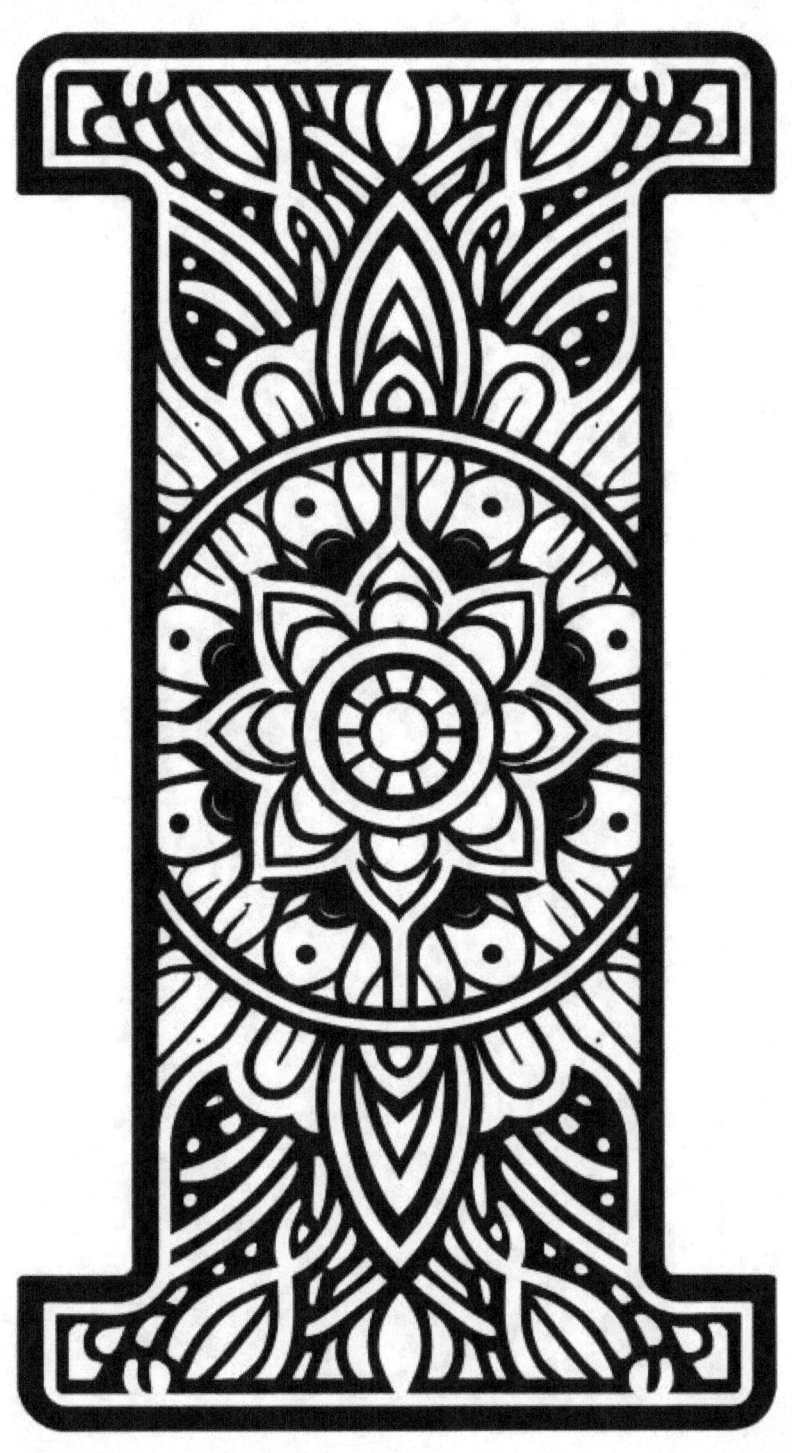

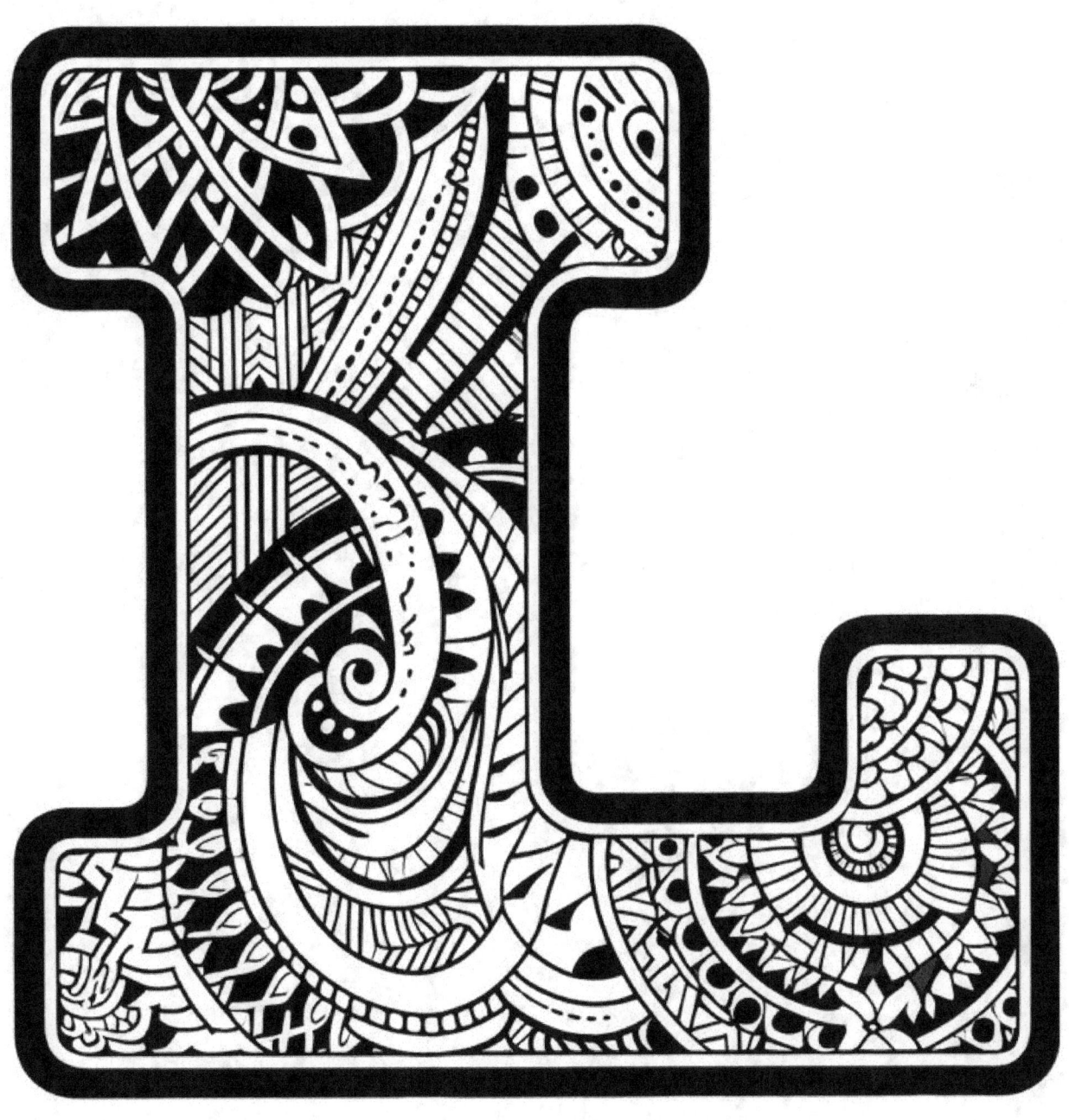

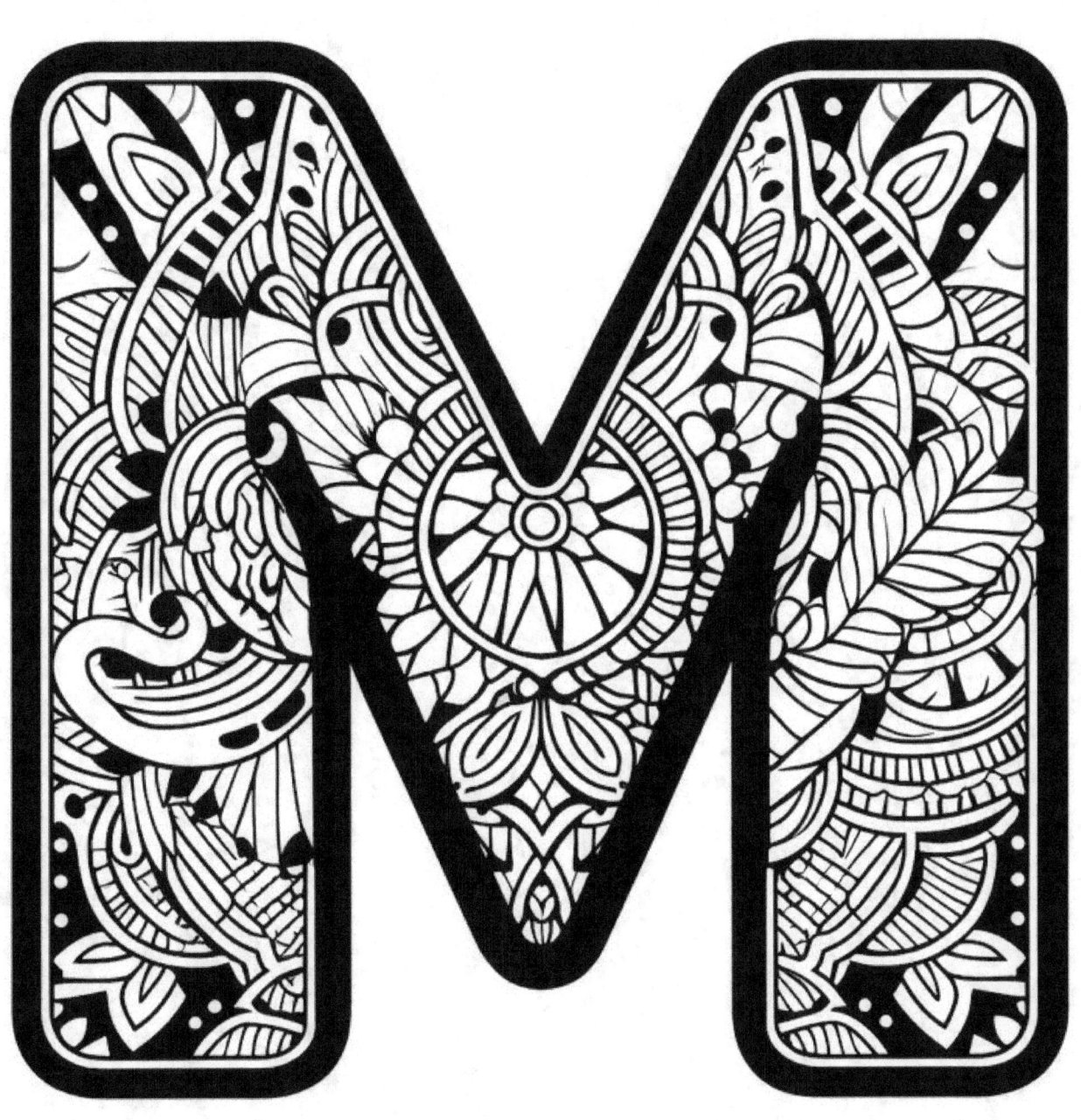

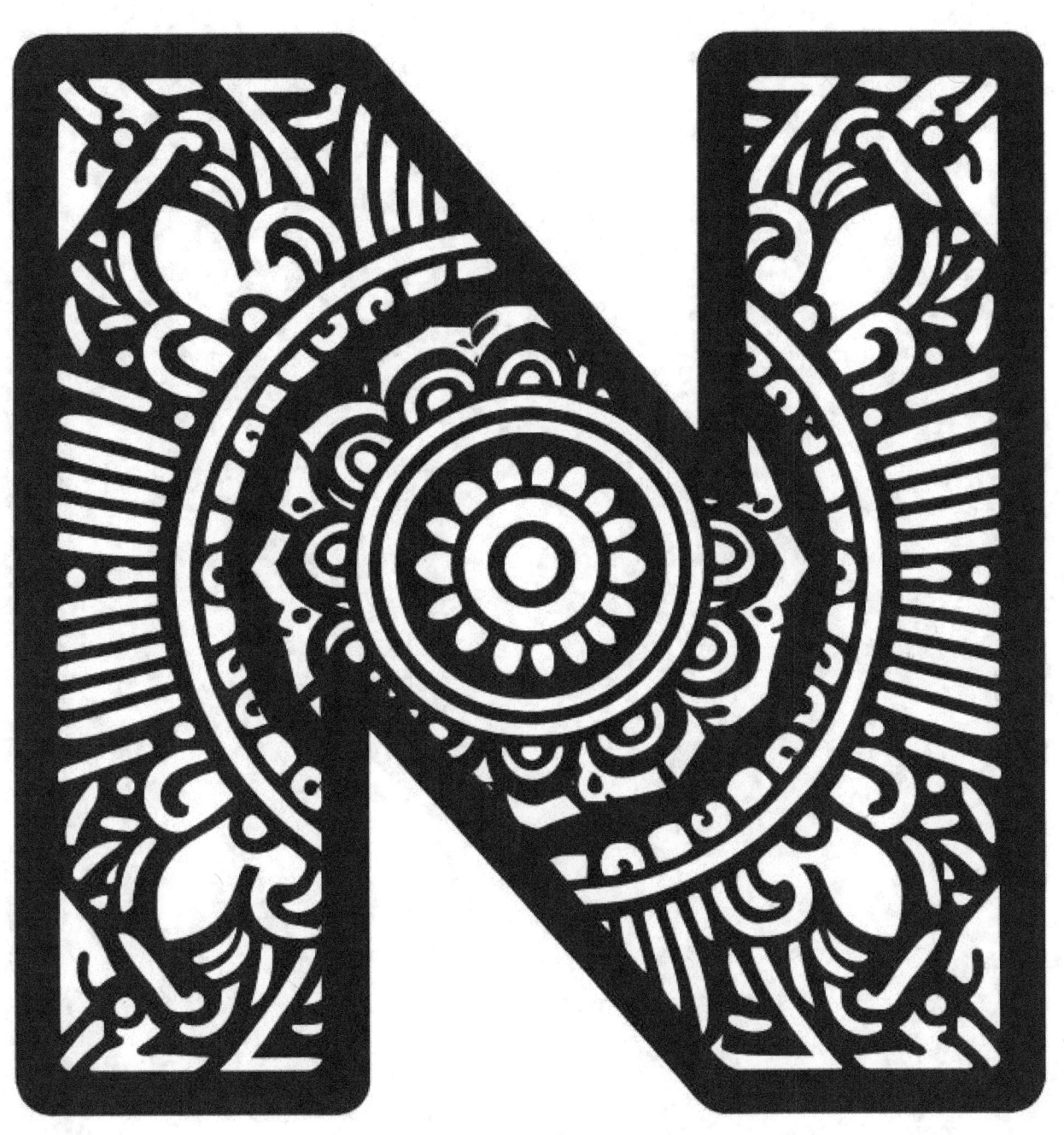

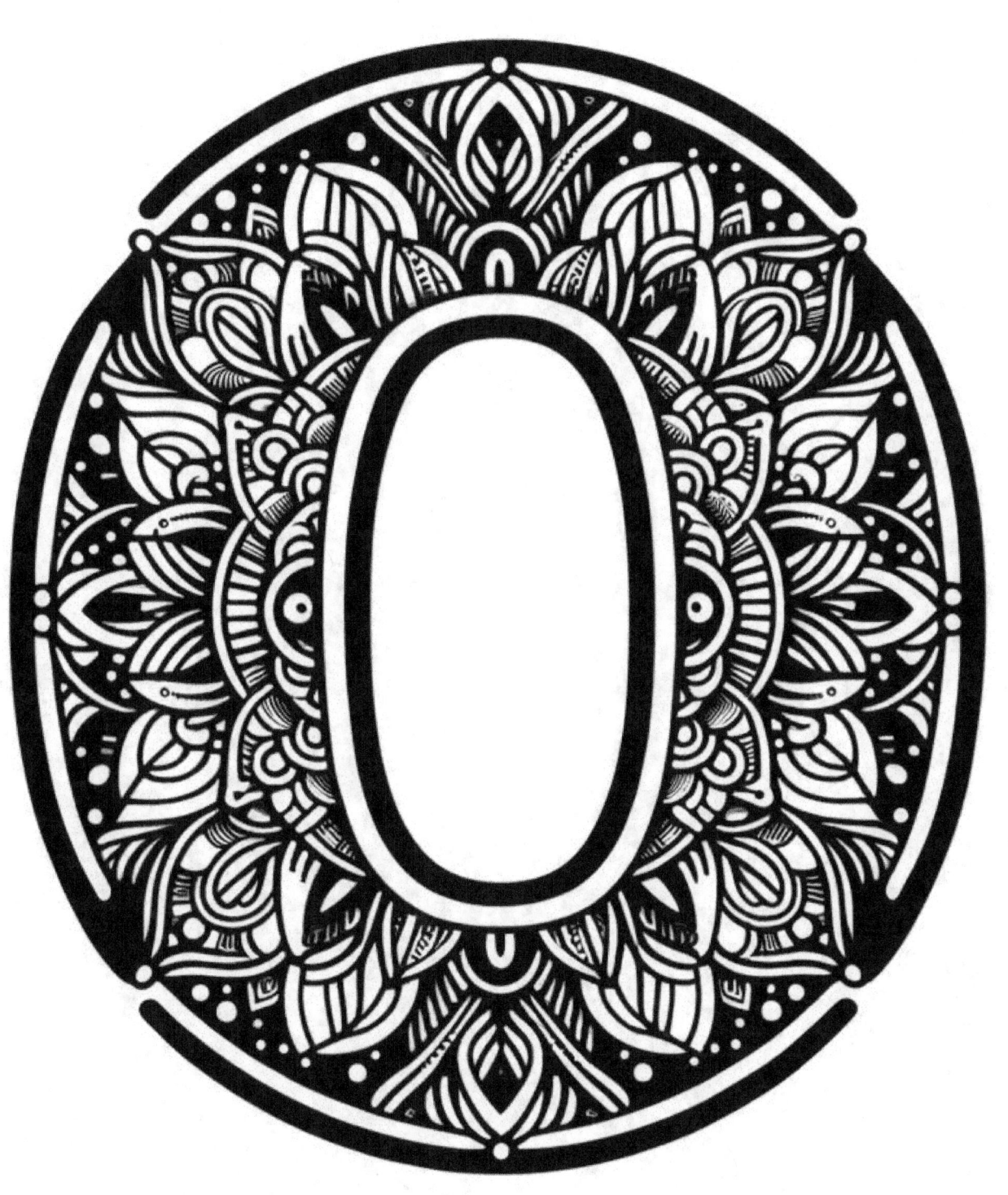

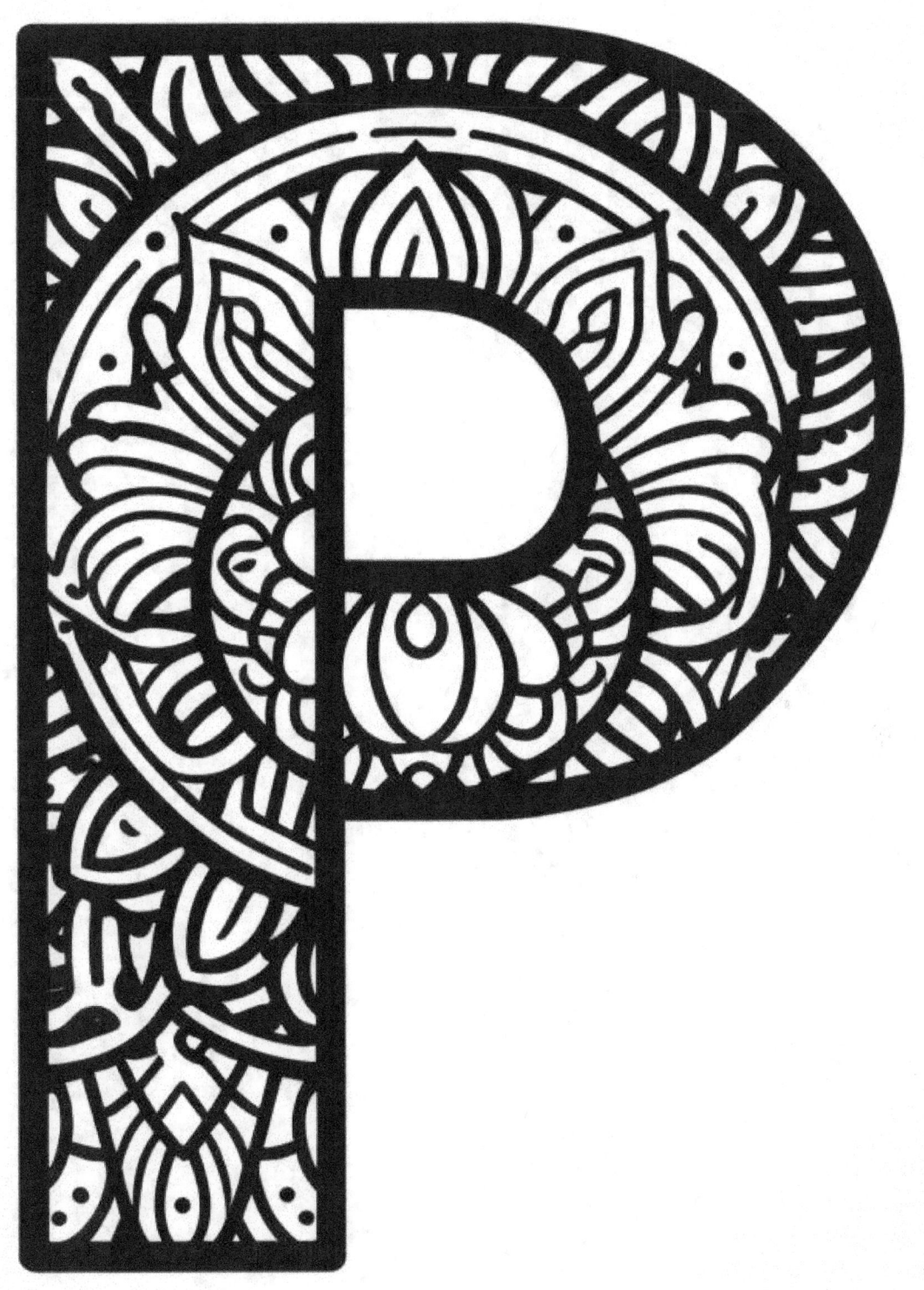

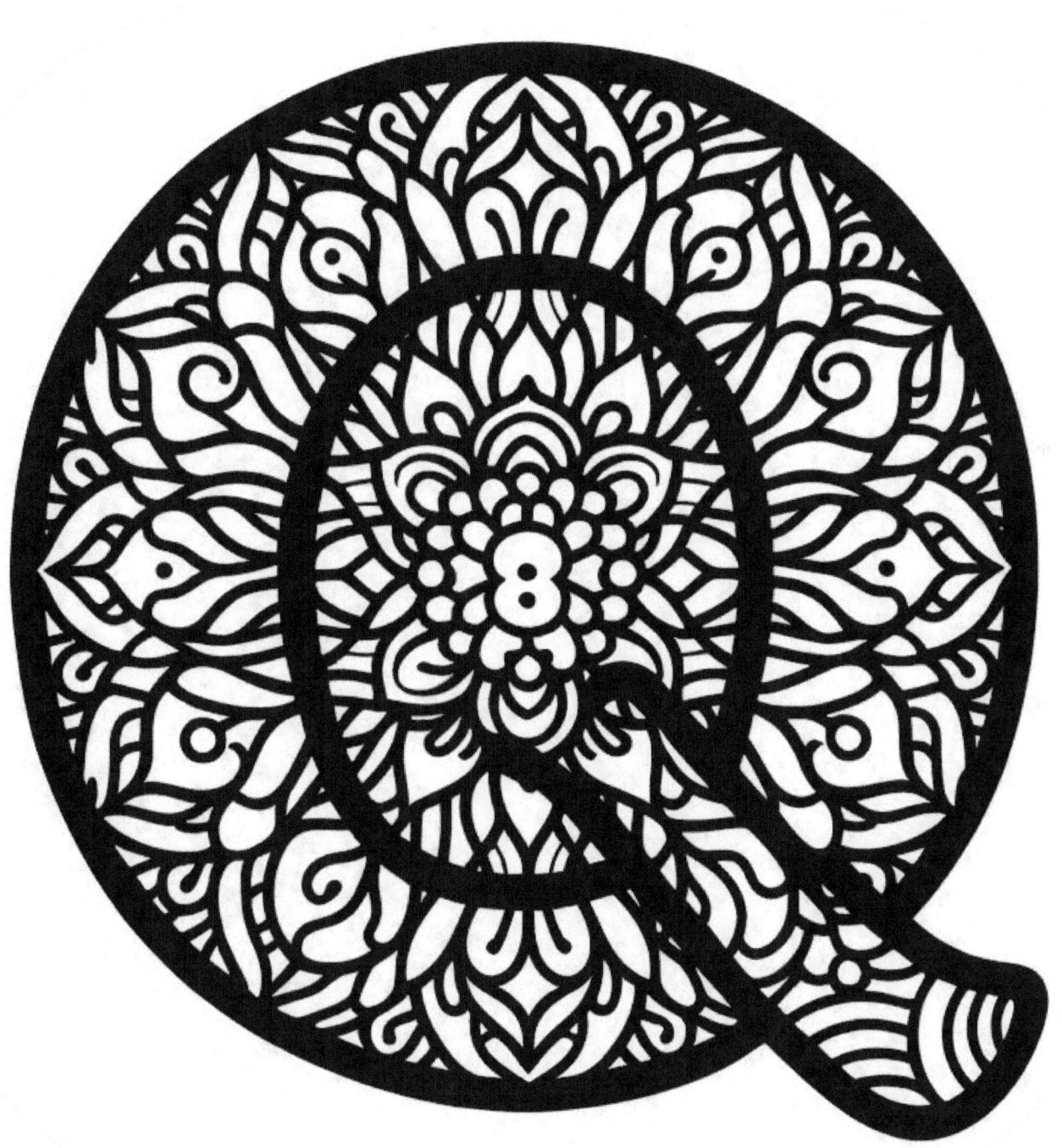

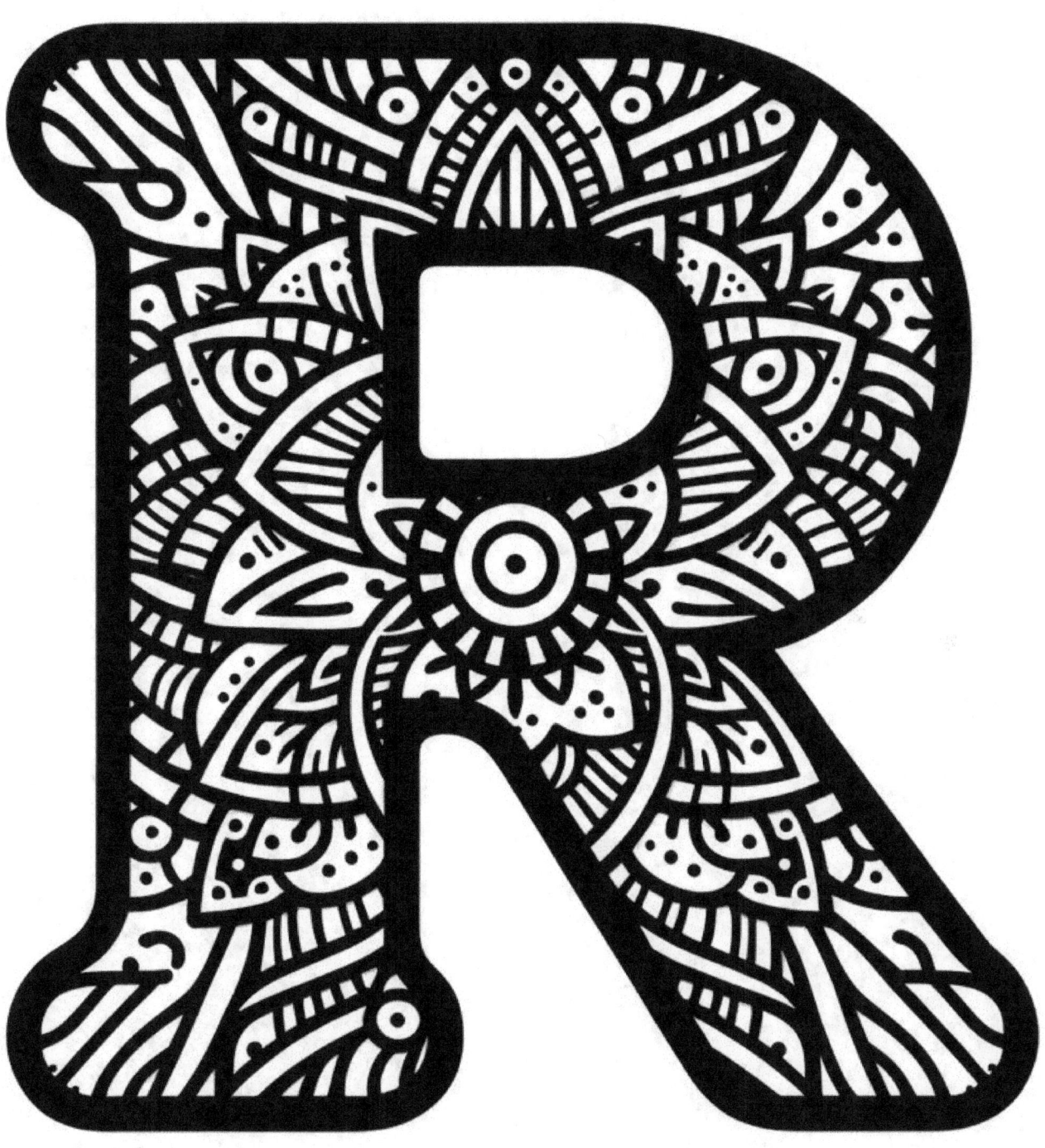

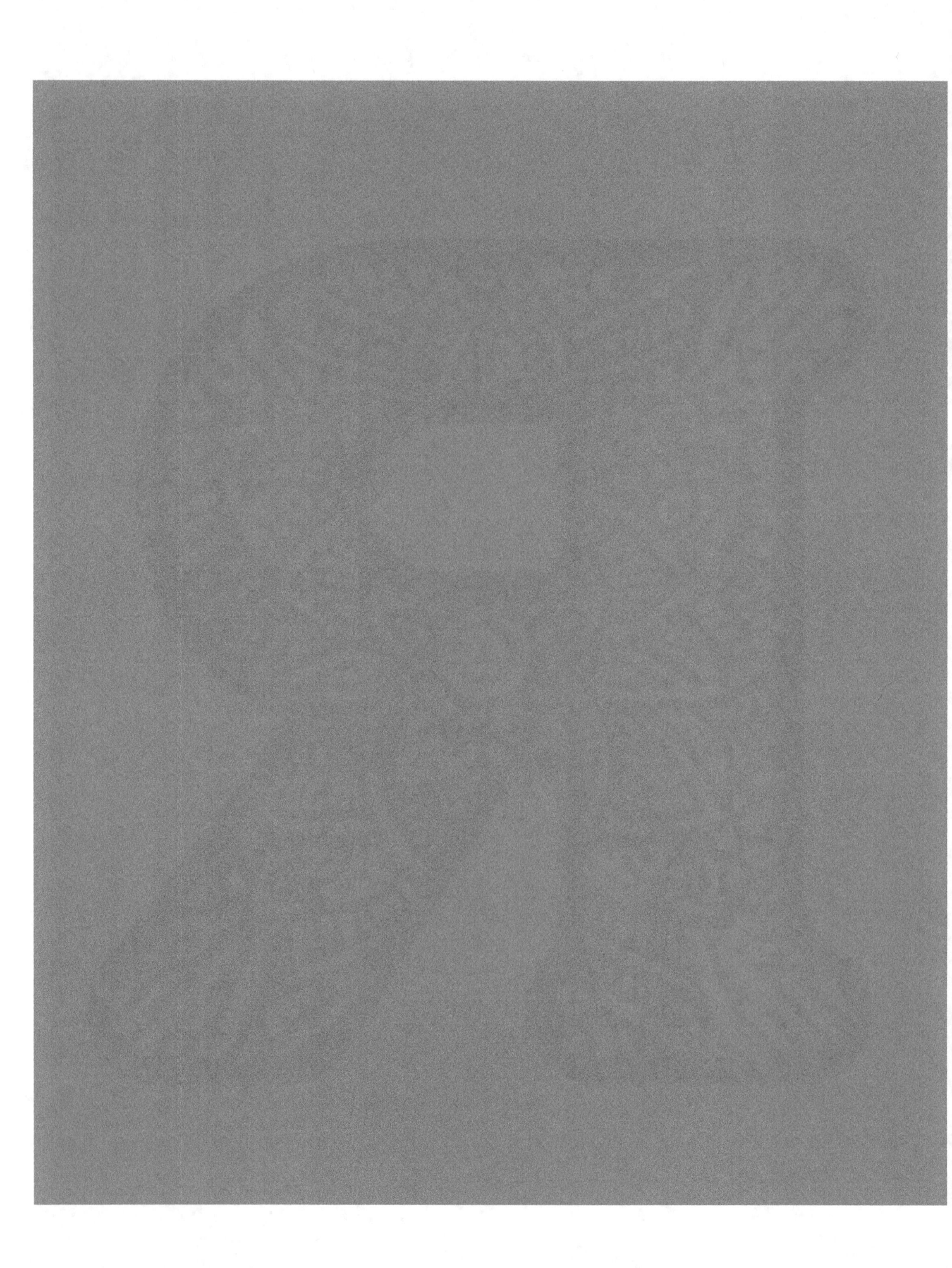

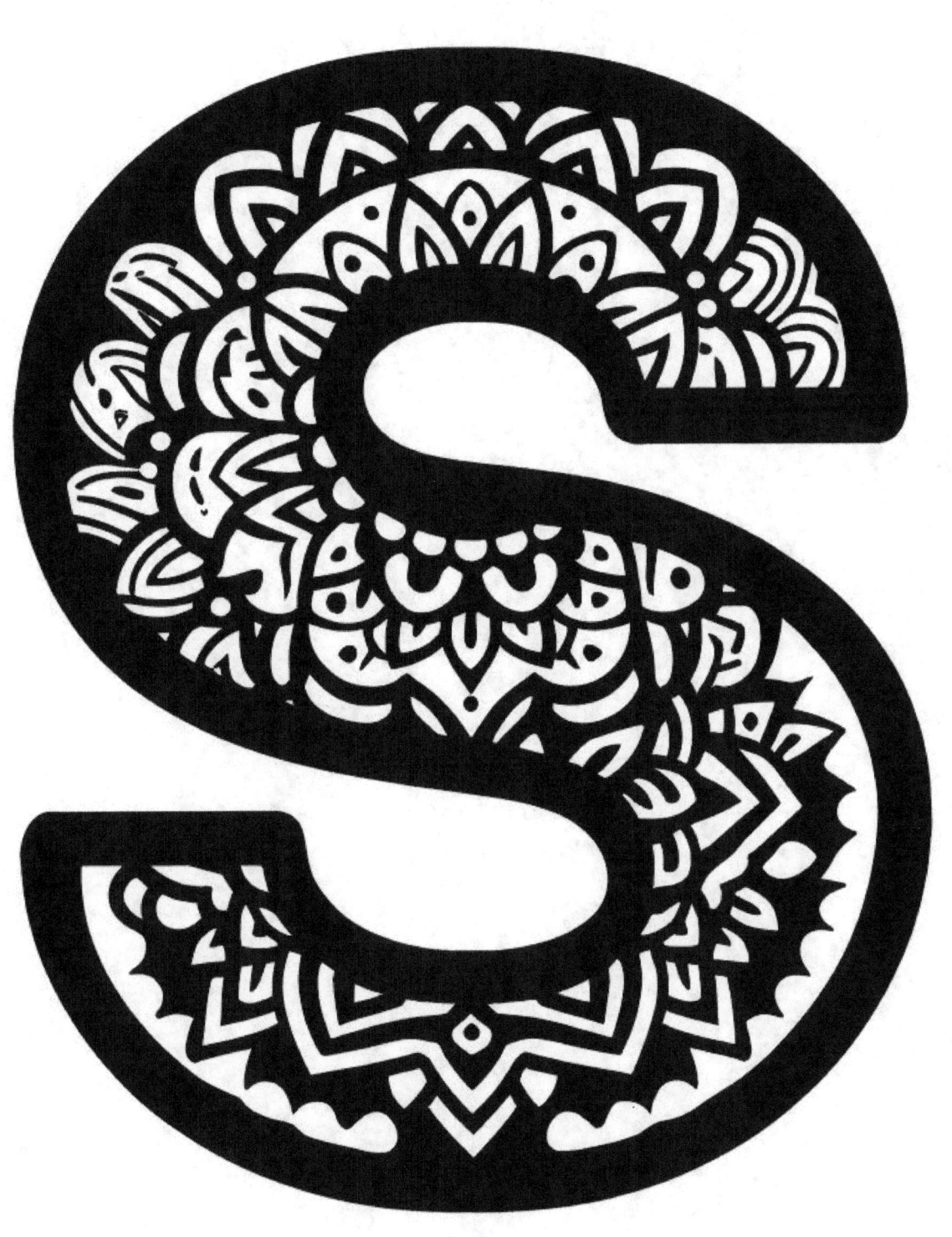

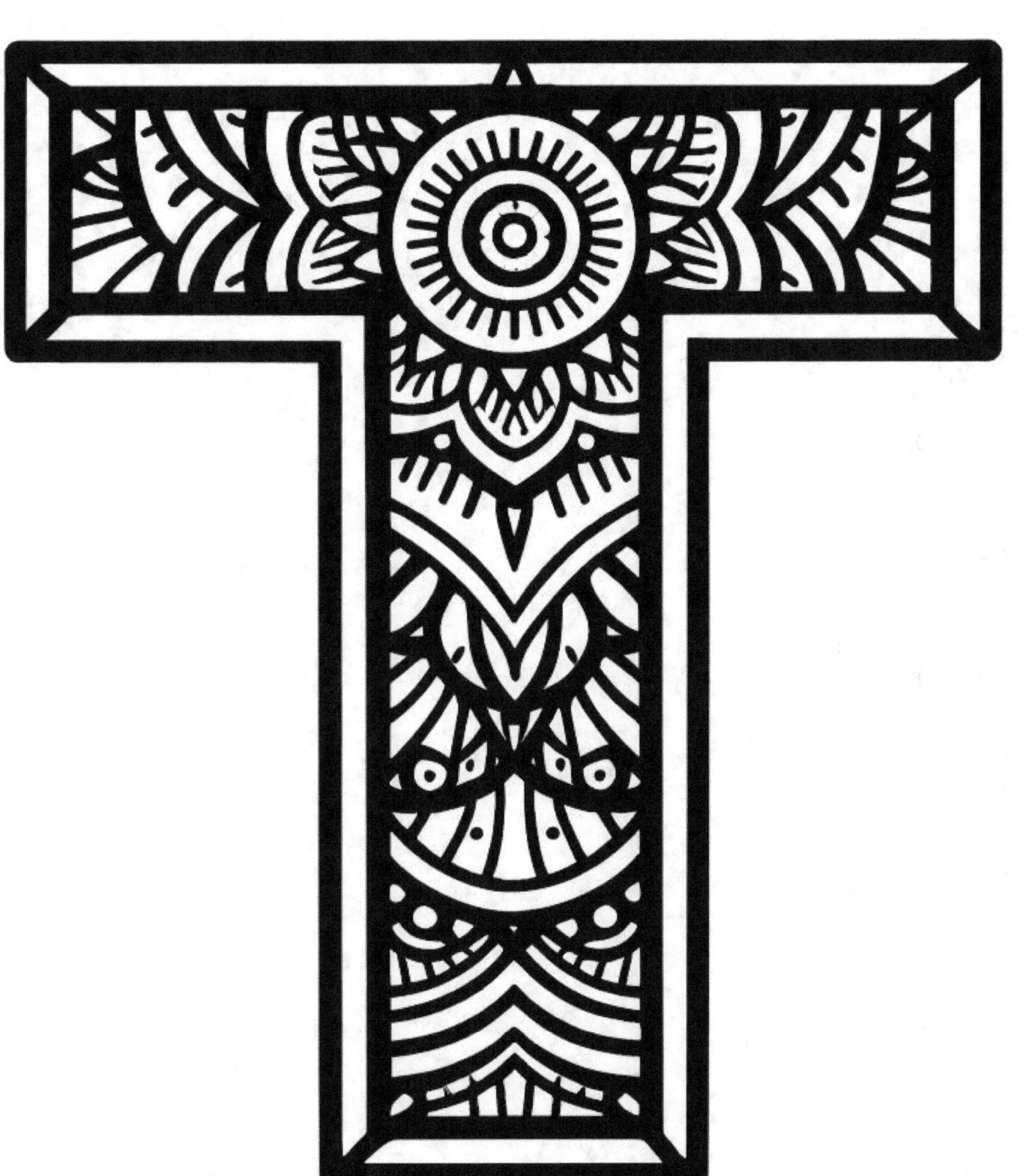

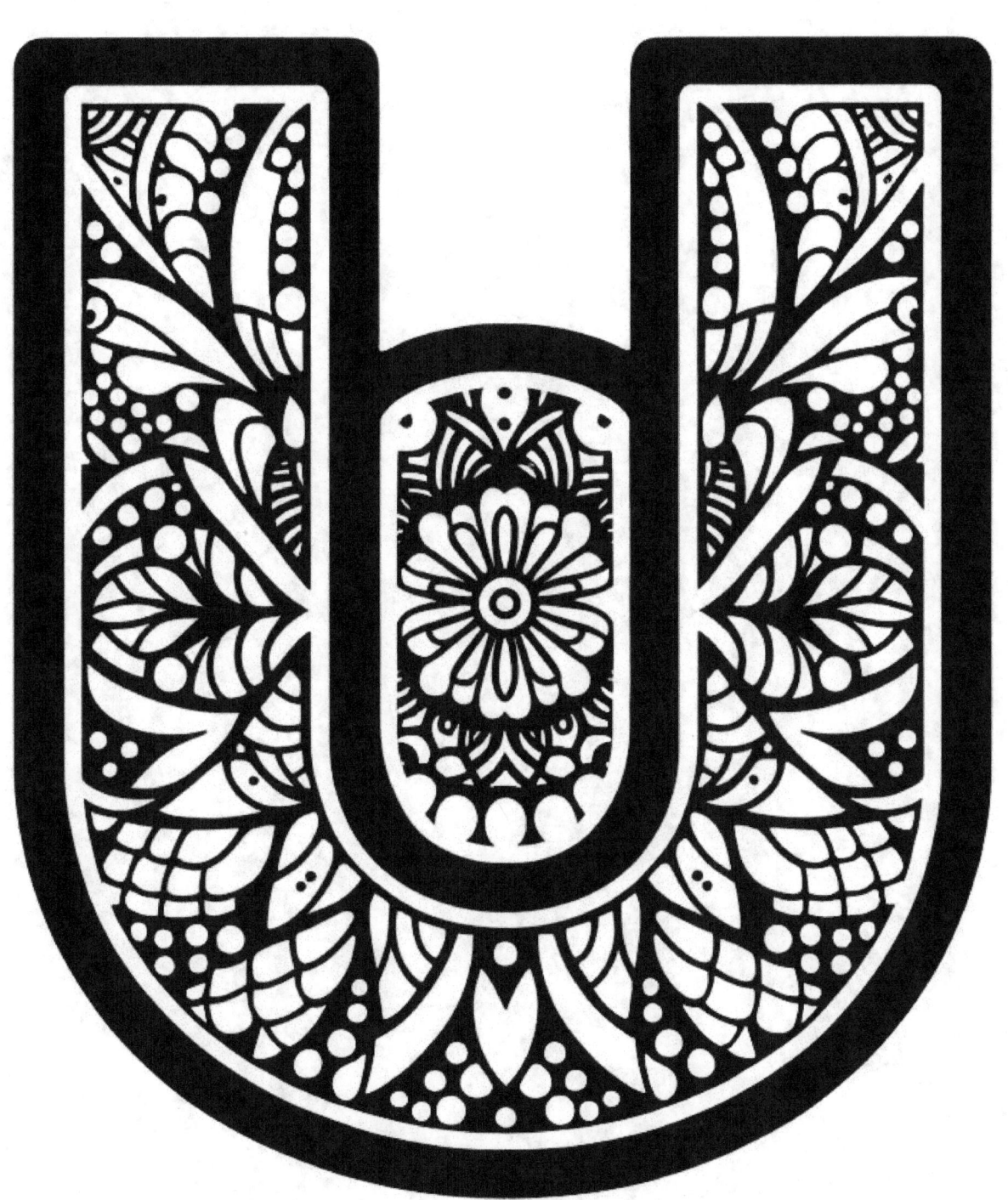

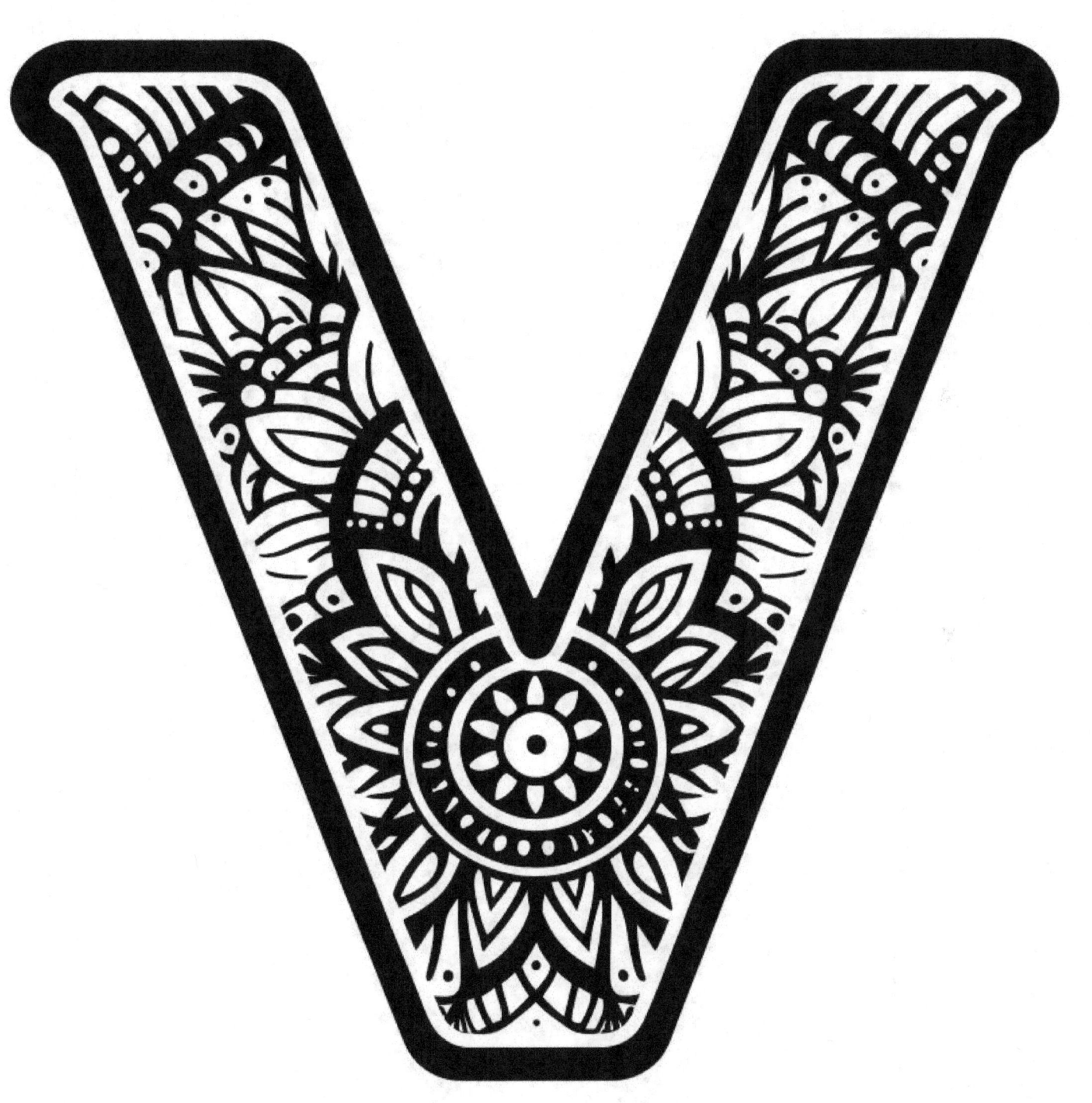

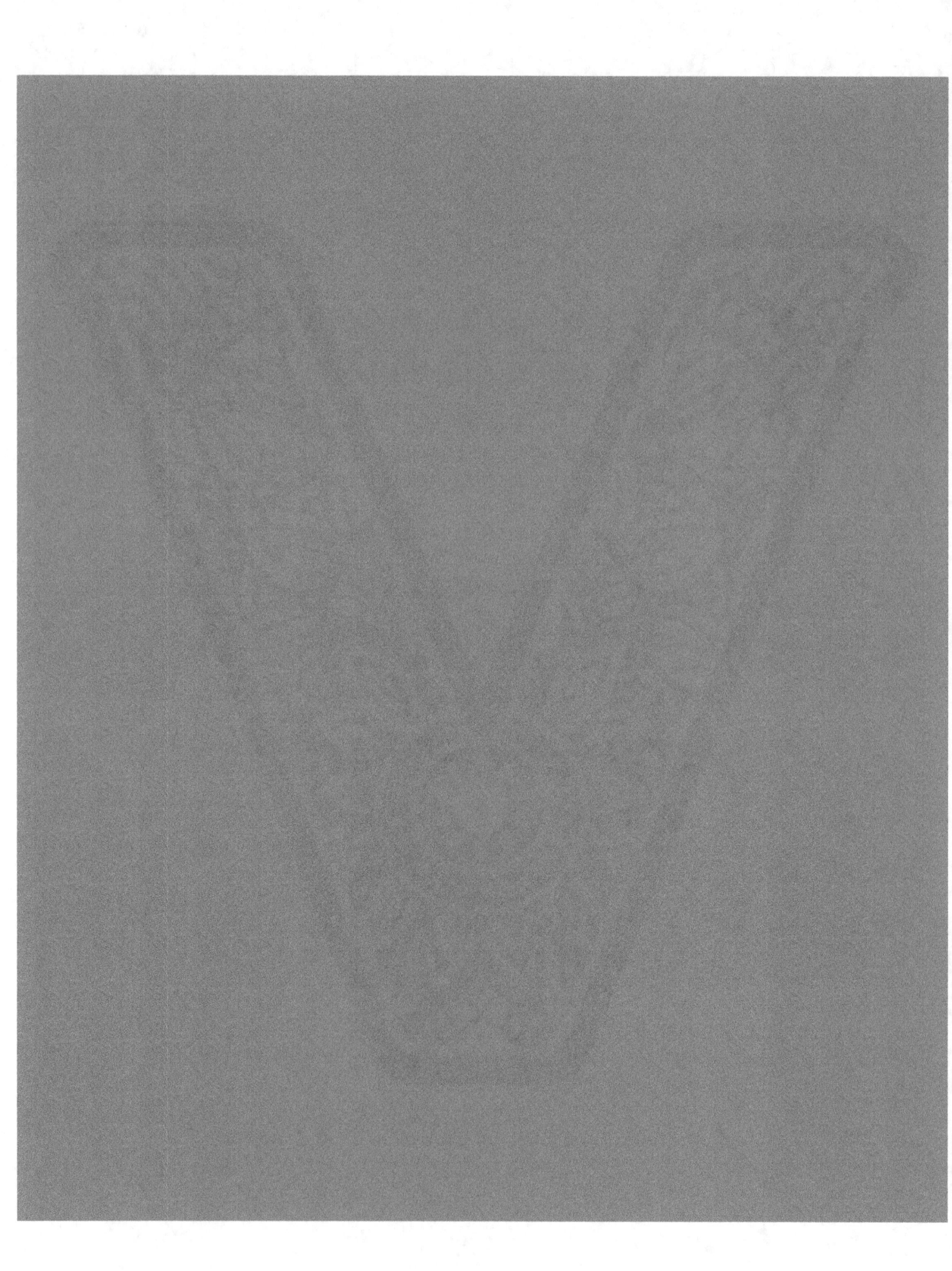

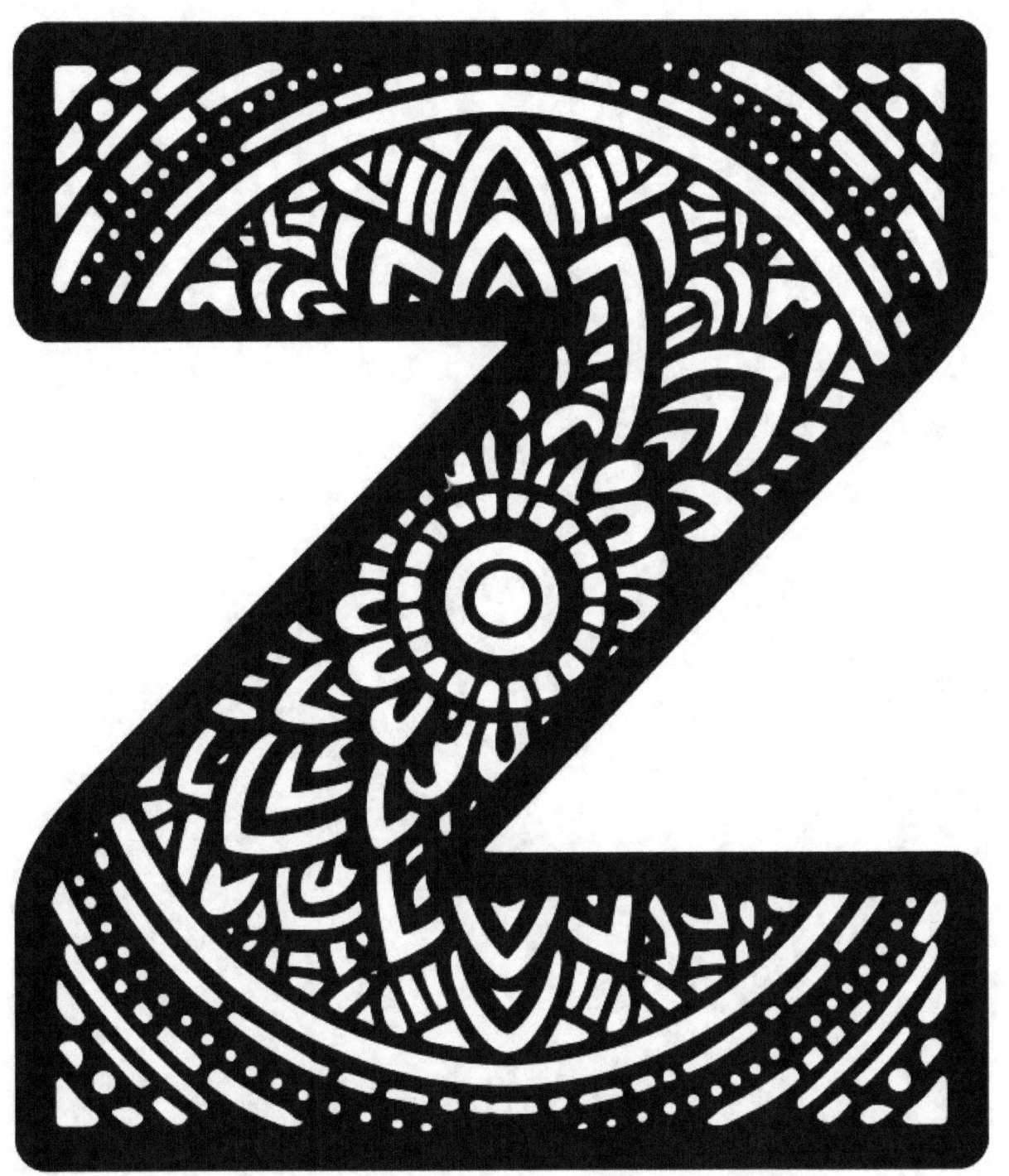

DISEGNI
DA COLORARE

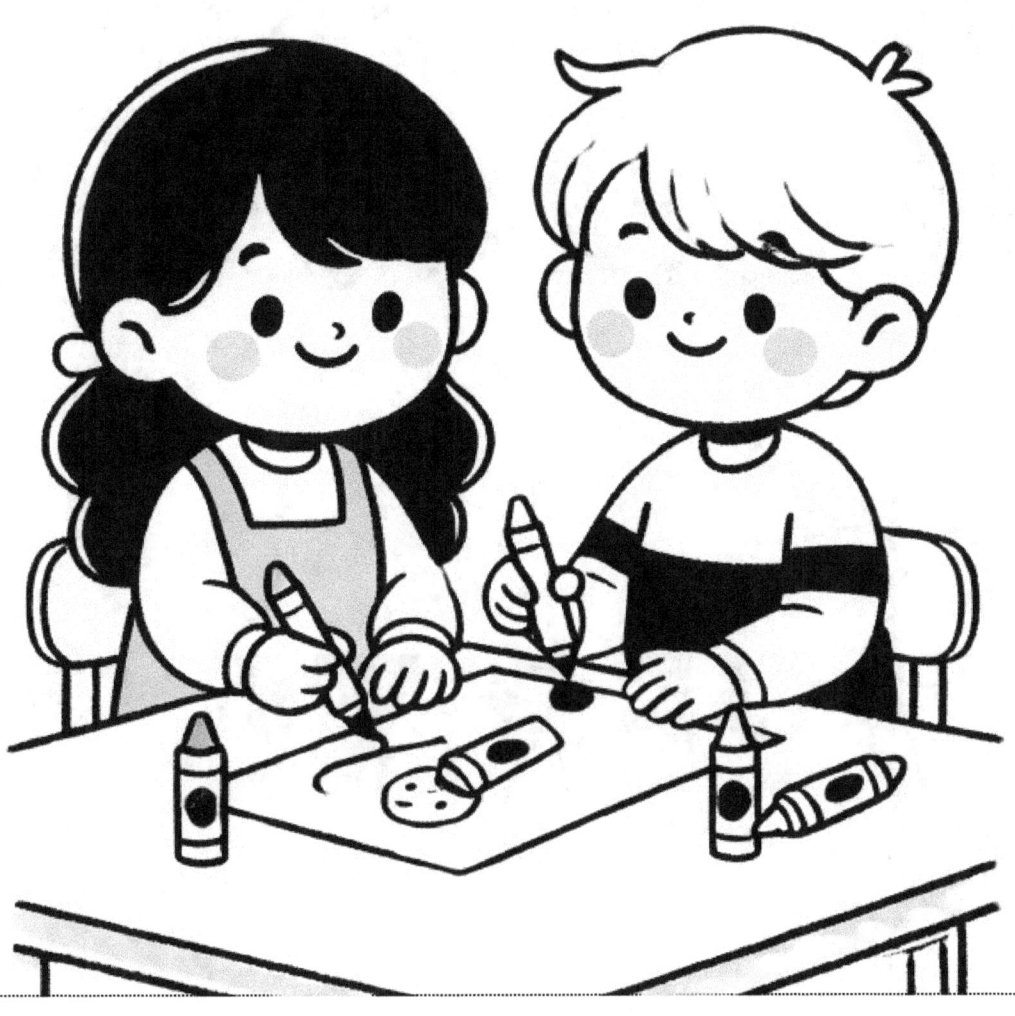

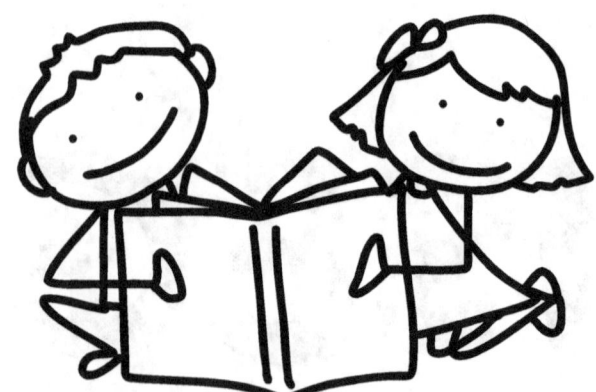

10 DISEGNI
DA COLORARE
IN OMAGGIO

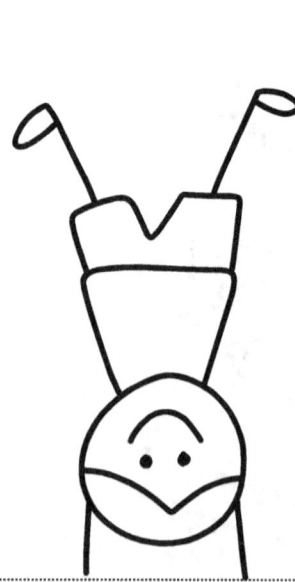

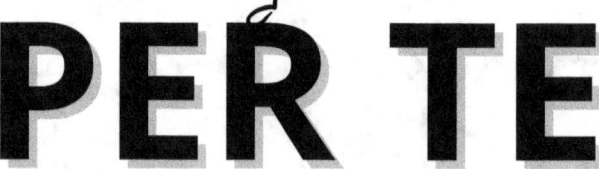

PER TE

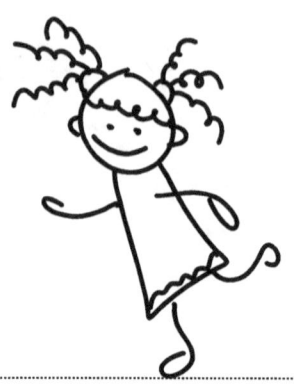

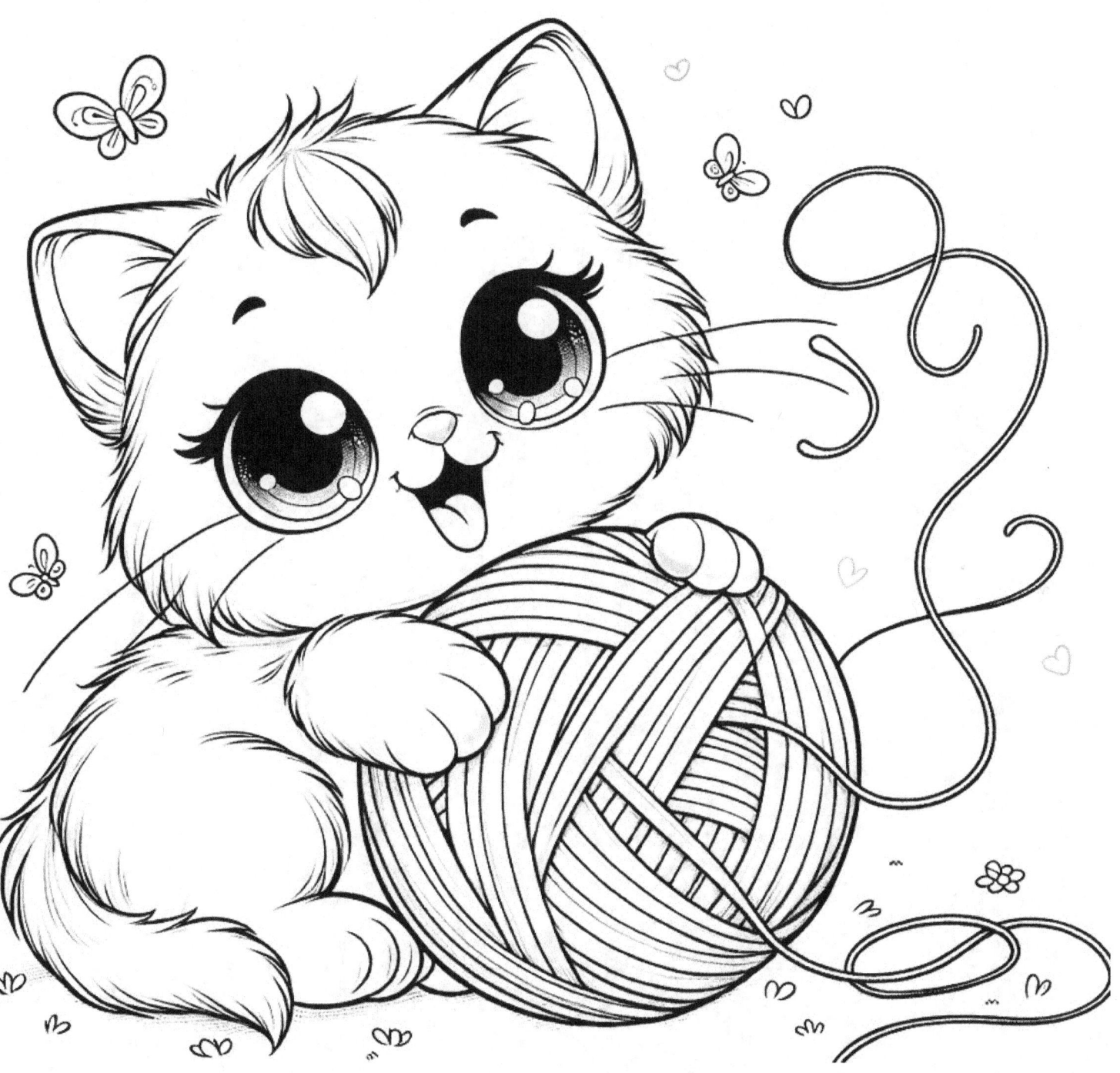

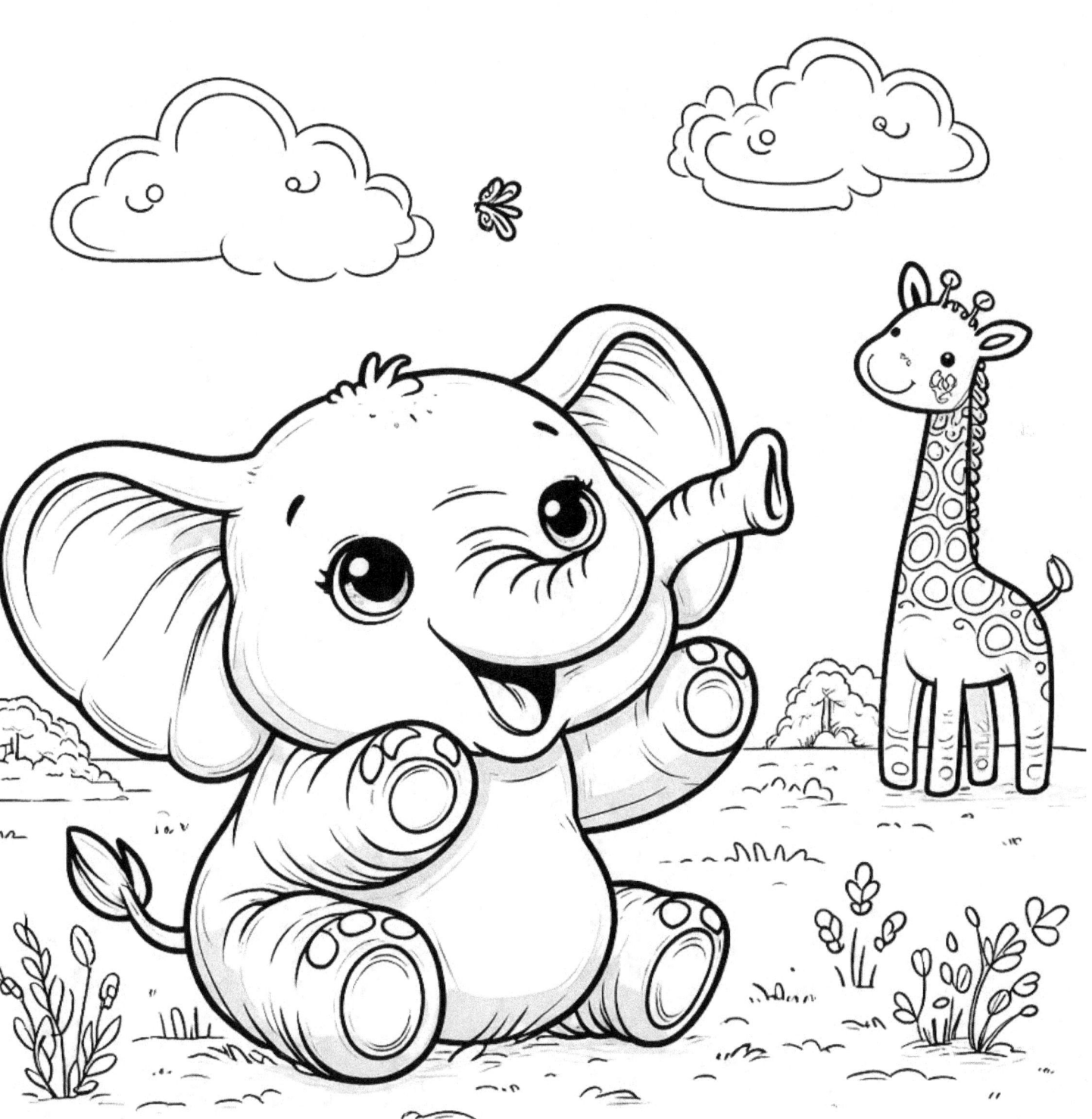

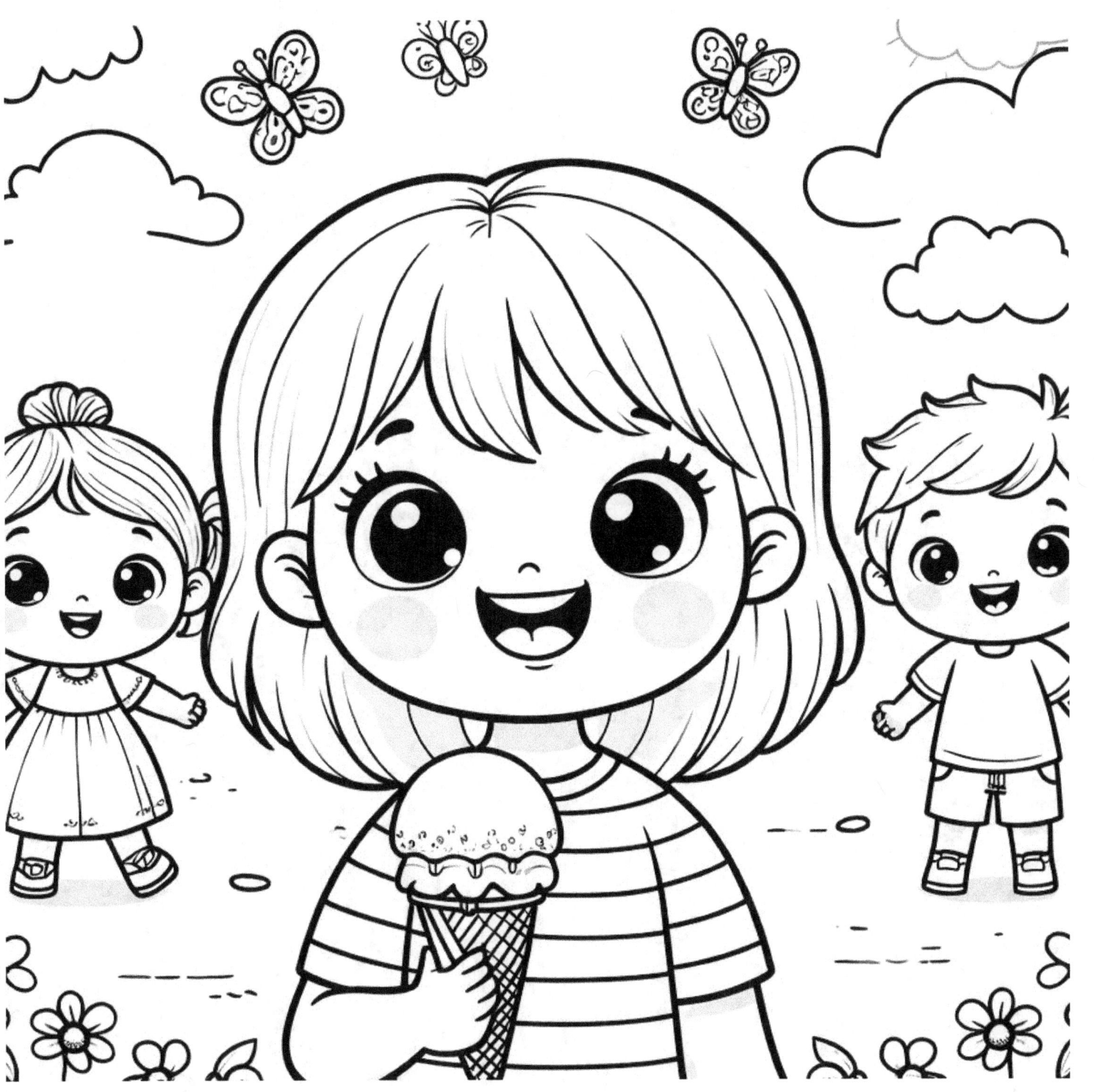

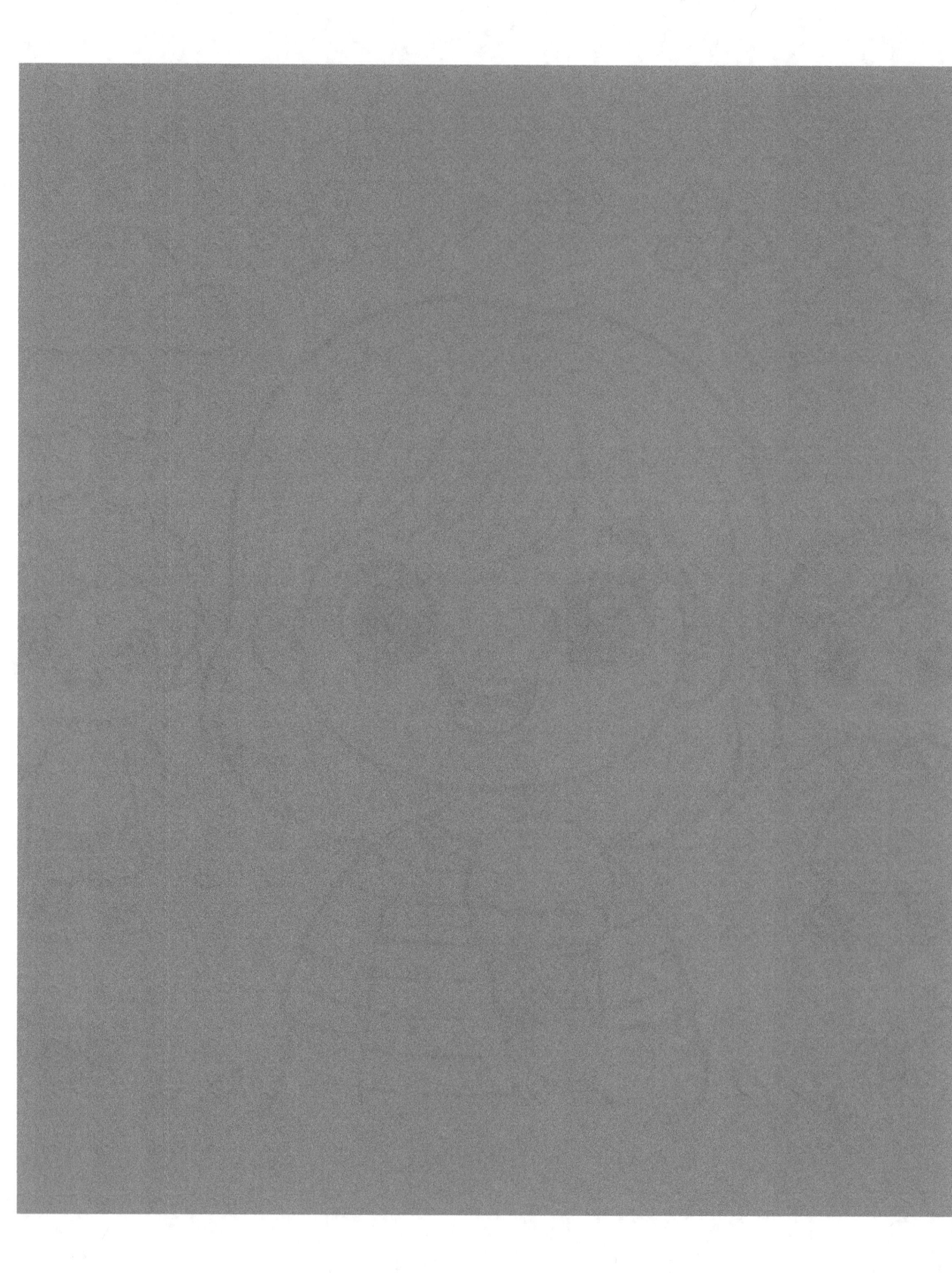

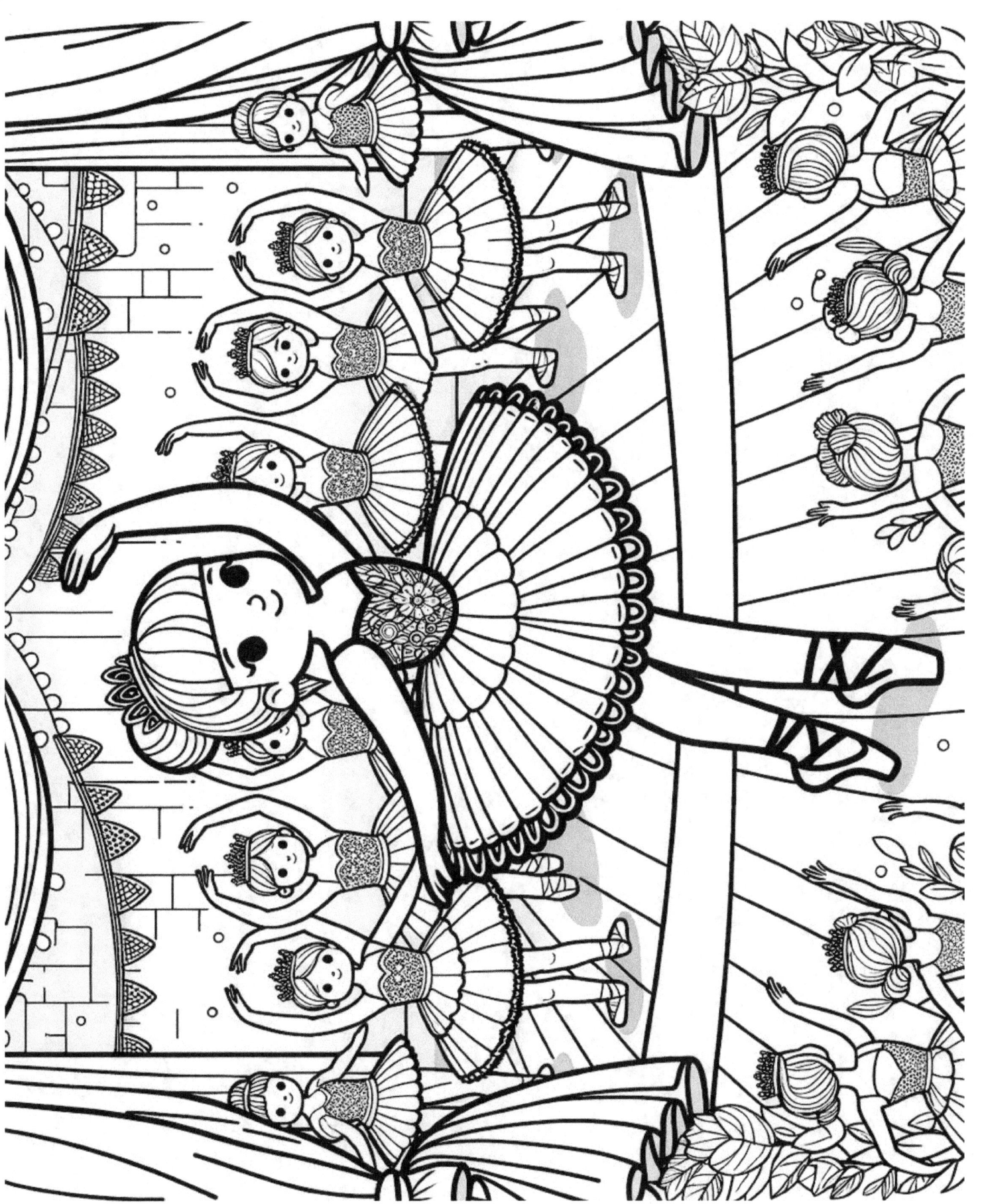

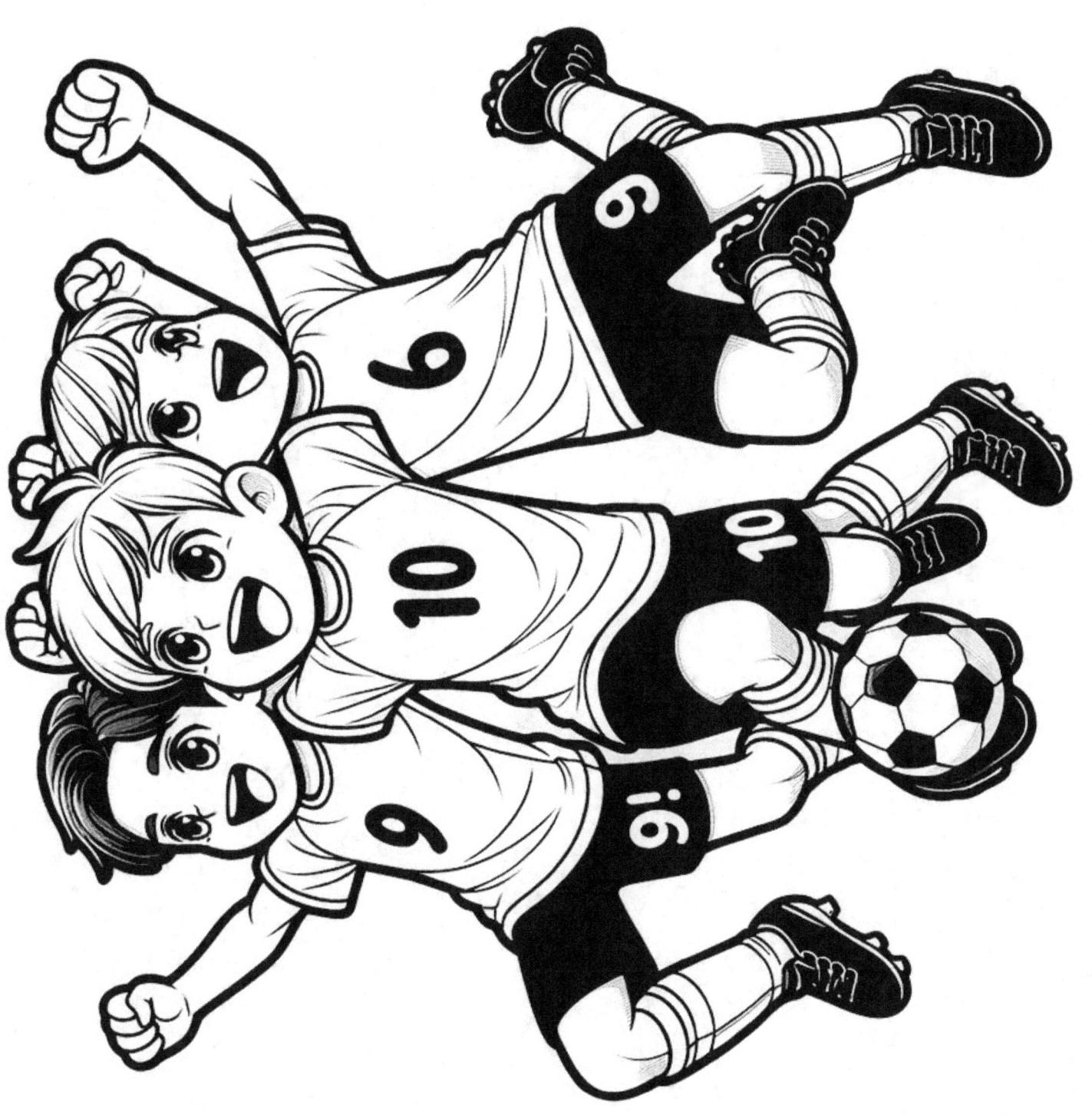

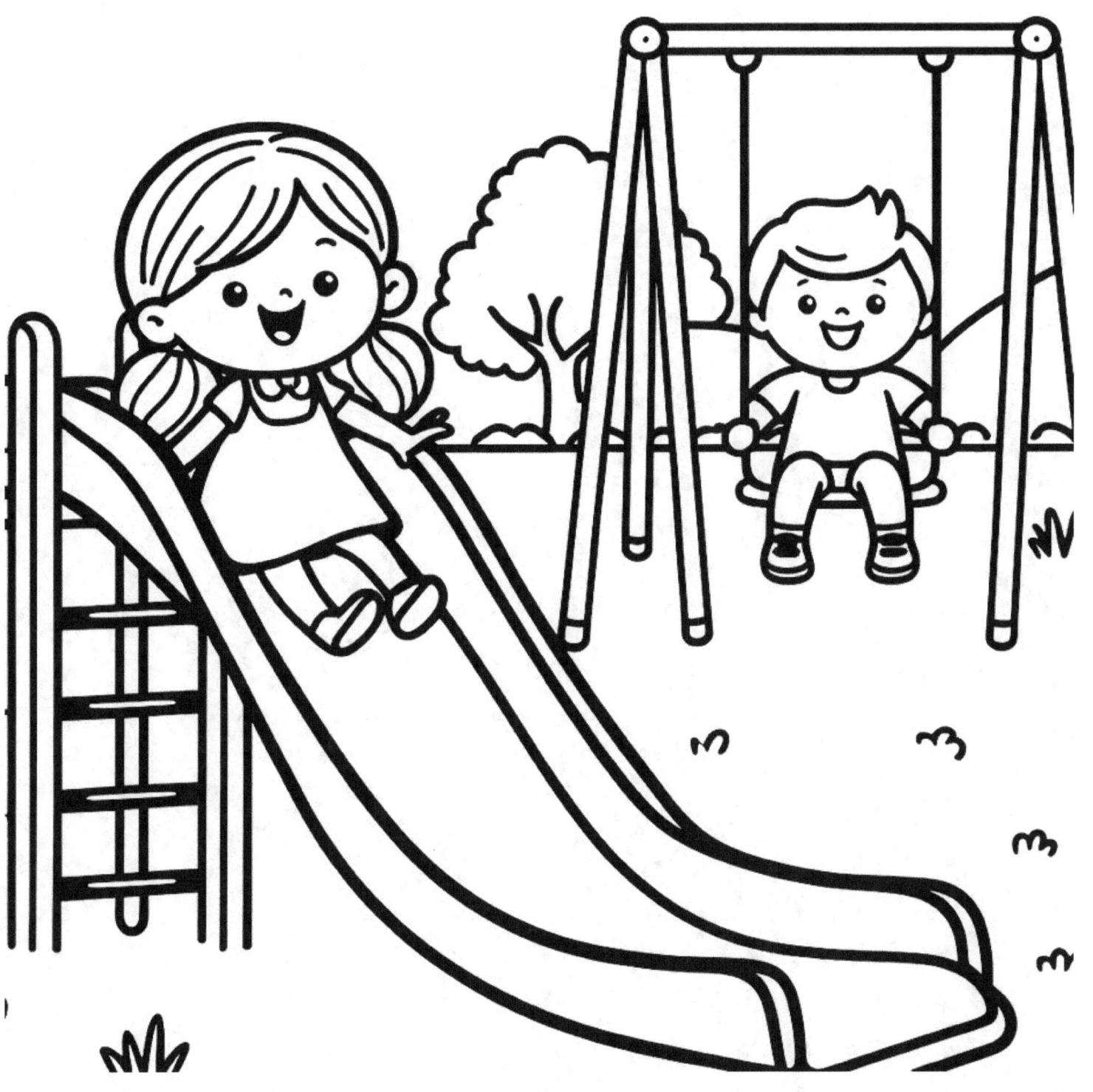

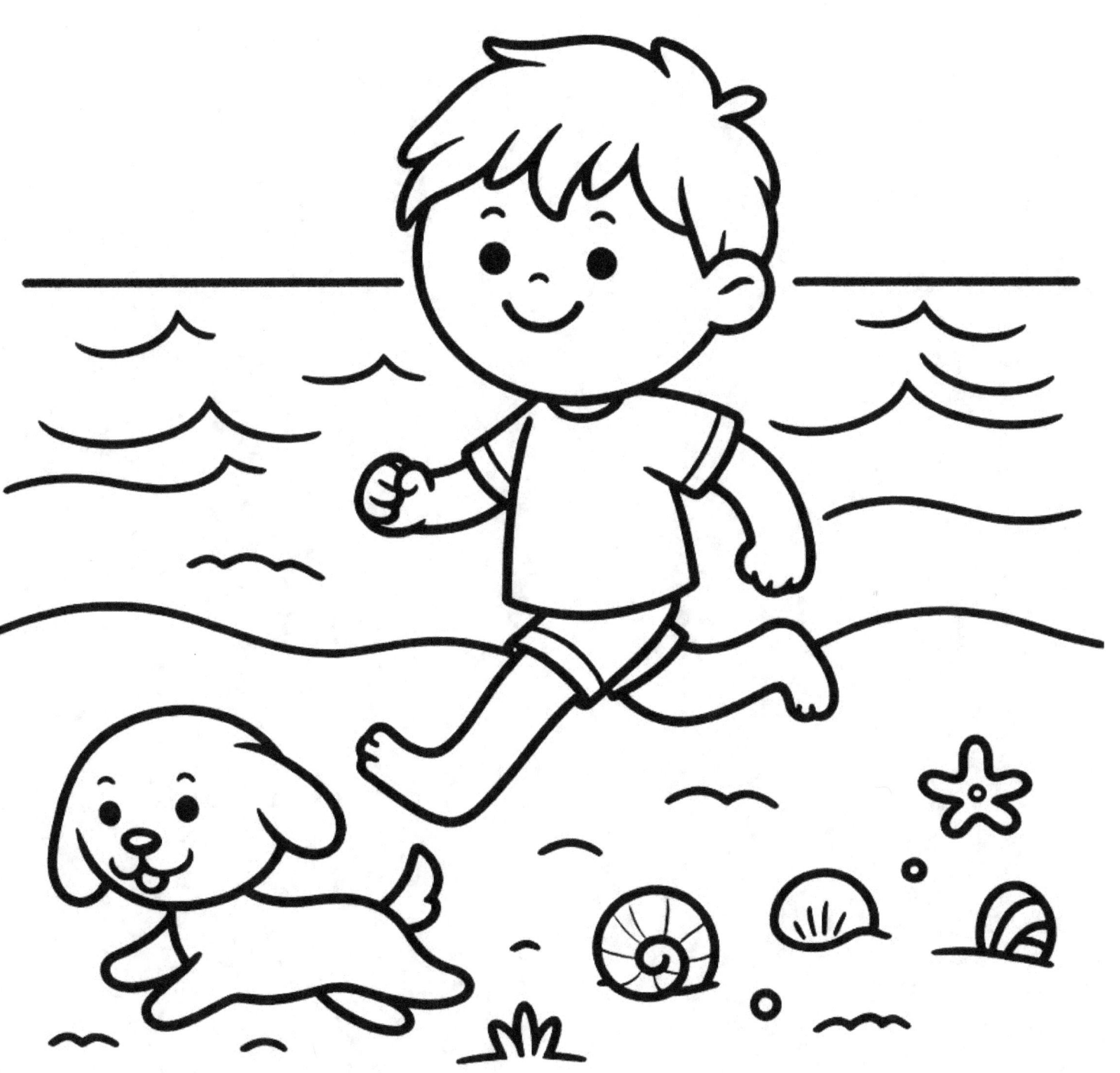

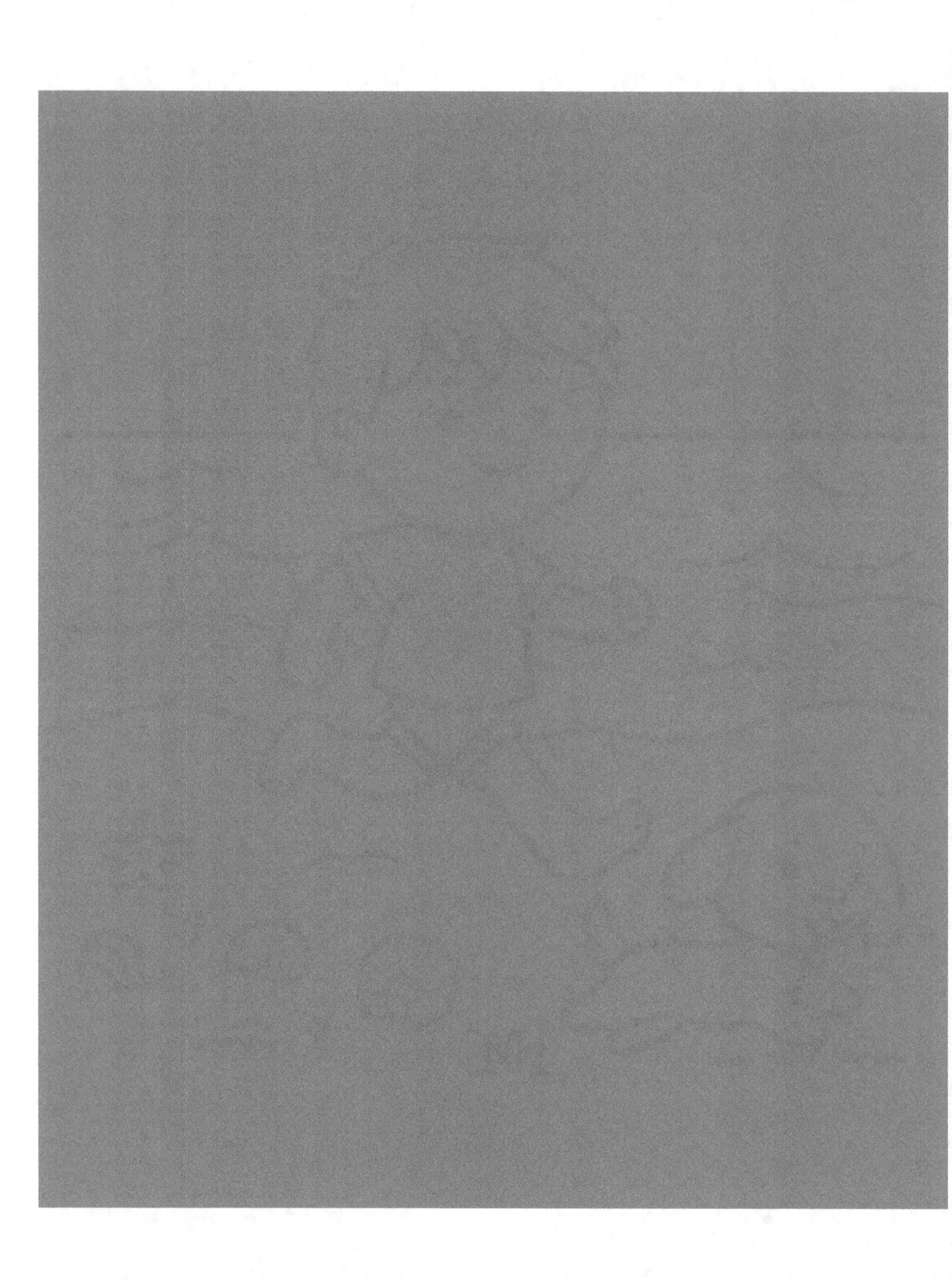

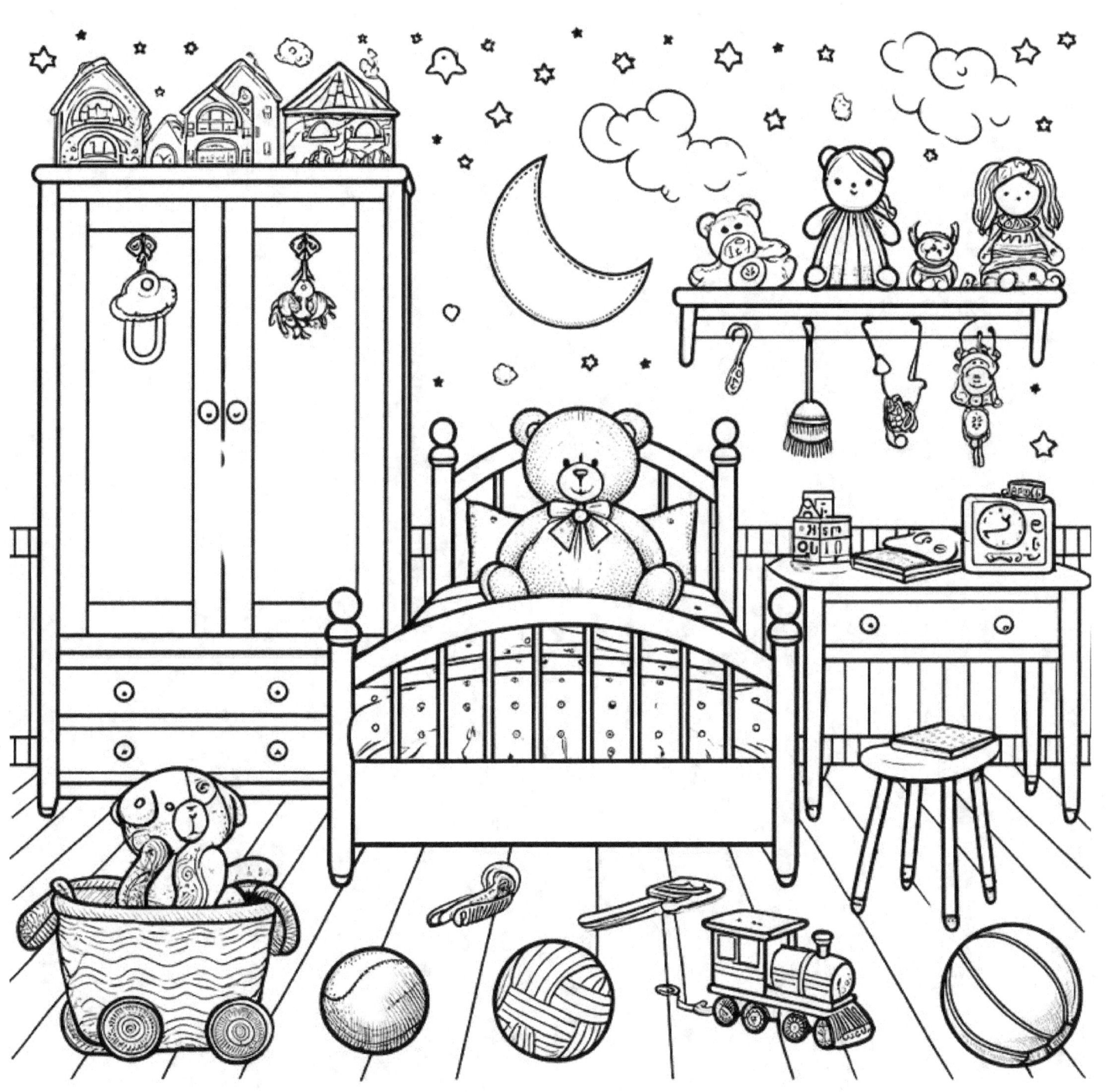

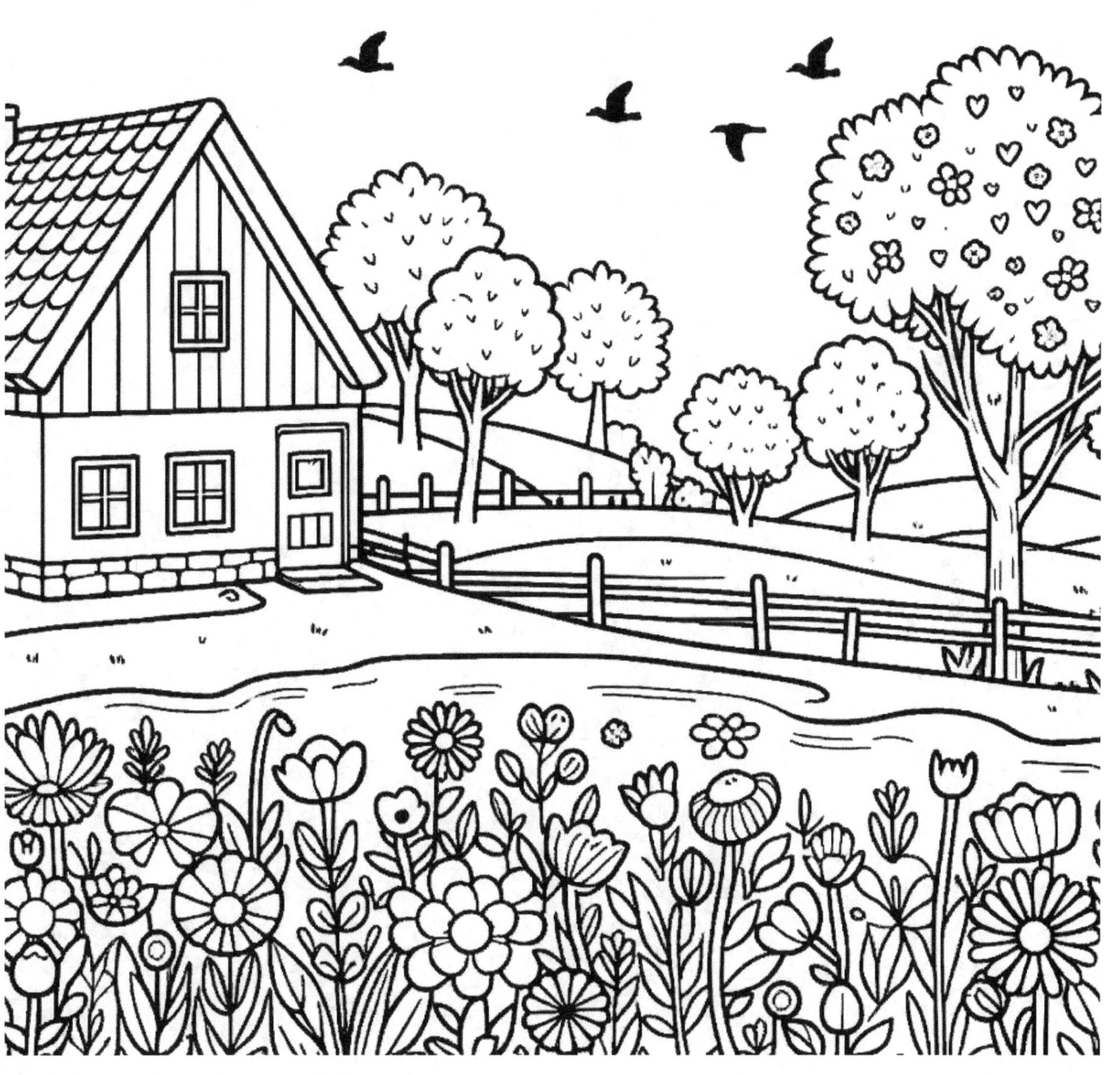

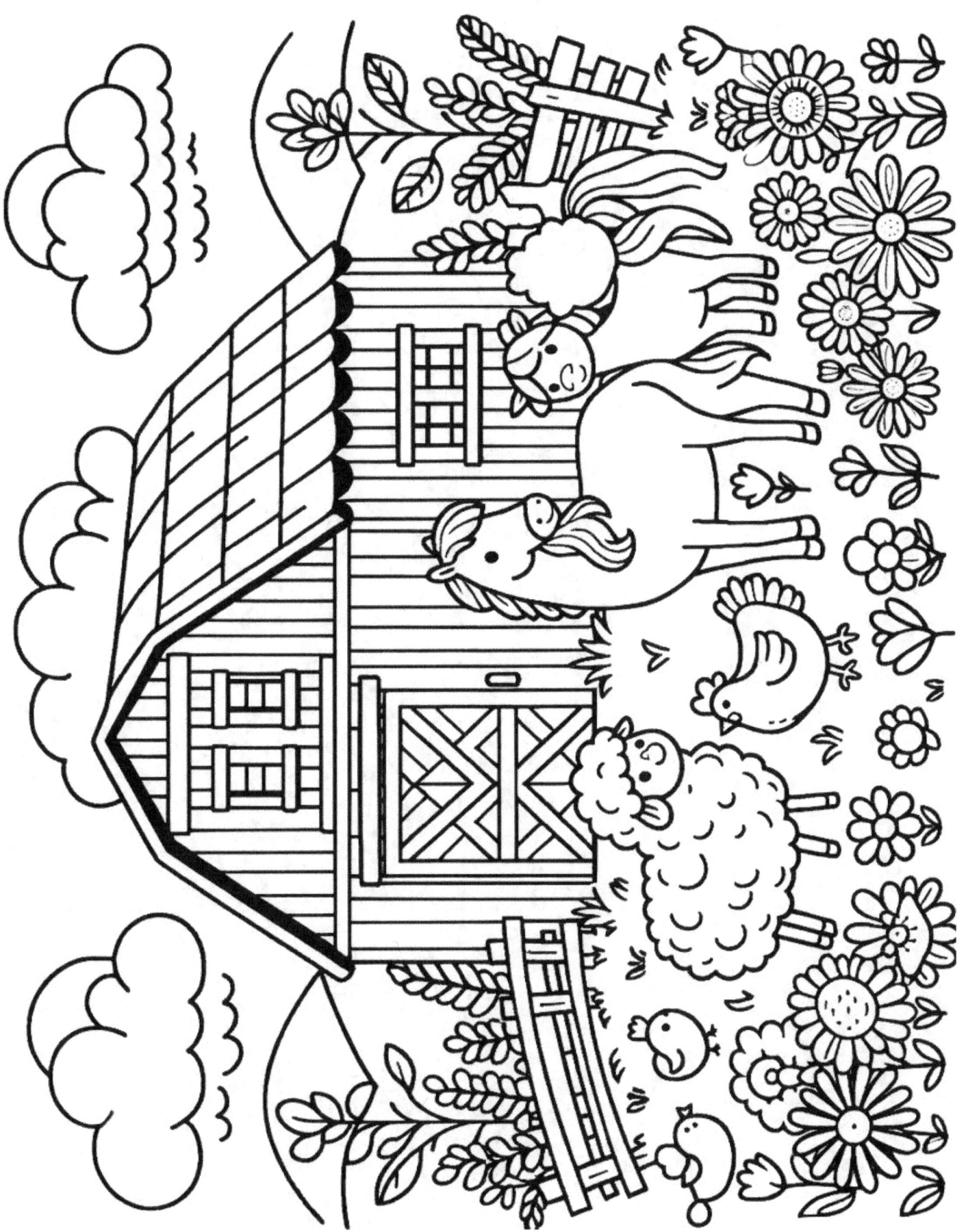

GIOCHI

ENIGMISTICI

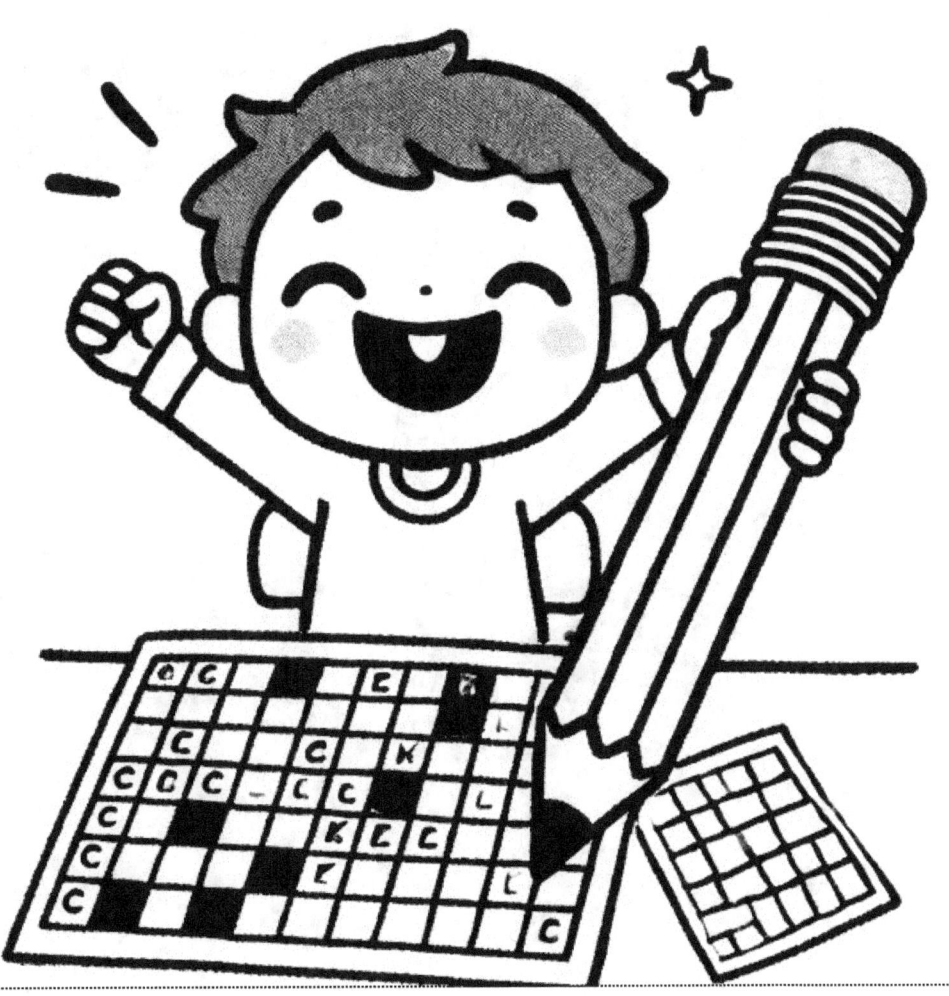

10 GIOCHI

IN OMAGGIO

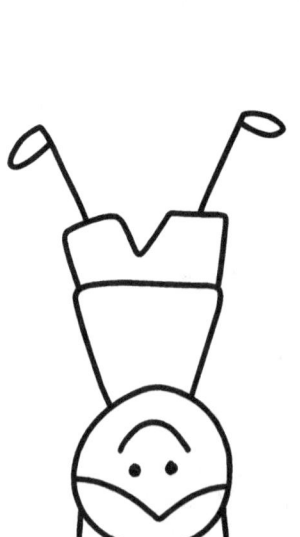

PER TE

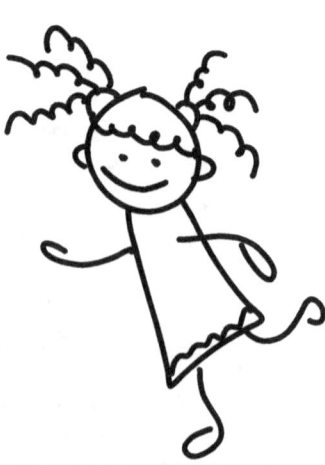

CRUCIVERBA

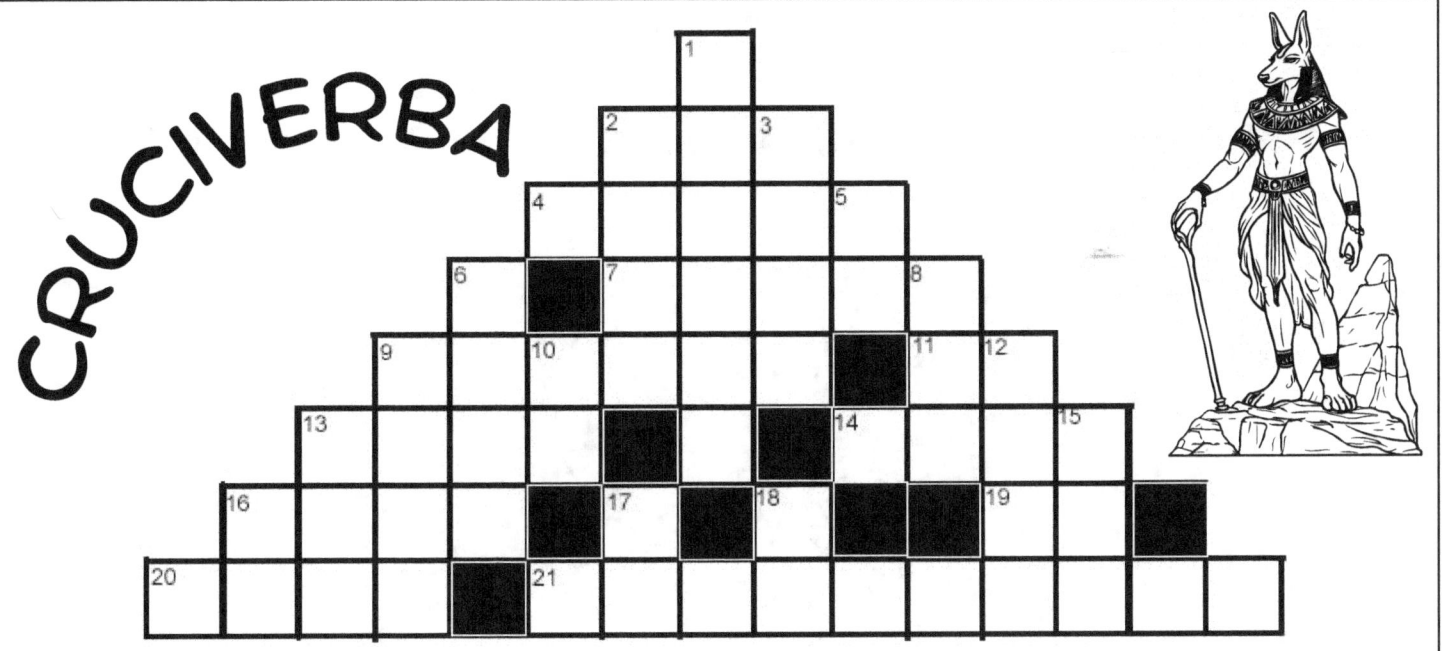

ORIZZONTALI

2) Nè tuo nè mio

4) Si paga alla fine

7) Si fa e si disfa

9) Un modo di cucinare il pollo

11) Consonanti in rosa

13) La si prova a non far niente

14) La capitale d'Italia

16) Si spiega al vento

19) In mezzo al topo

20) Felice

21) Si scioglie nella minestrina

VERTICALI

1) Viene dopo la domenica

2) Scalda in cielo

3) Tra il sette e il nove

5) Ottimo senza la...pianta

6) Accesa segnala un problema

8) Metallo prezioso

9) Non in compagnia

10) Le vocali in città

12) Nebbia scura e fumosa

13) Macchioline della pelle

15) Producono il miele

16) Metà vaso

17) Il grande fiume italiano

18) Iniziali di Manzoni

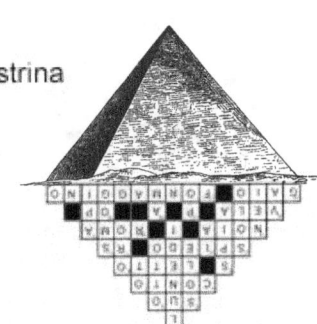

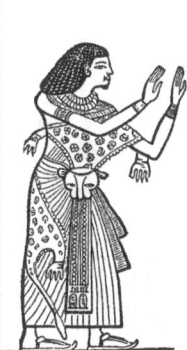

COSA MANCA?

DISEGNA NELLA FIGURA SOTTO LE 4 PARTI MANCANTI

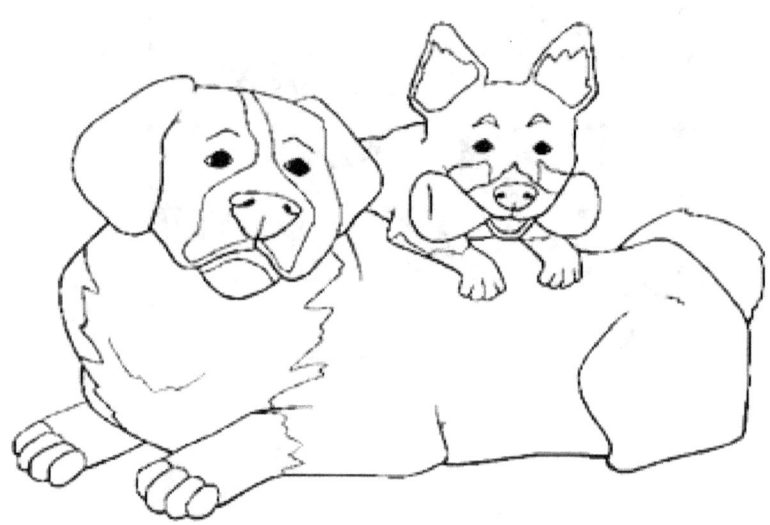

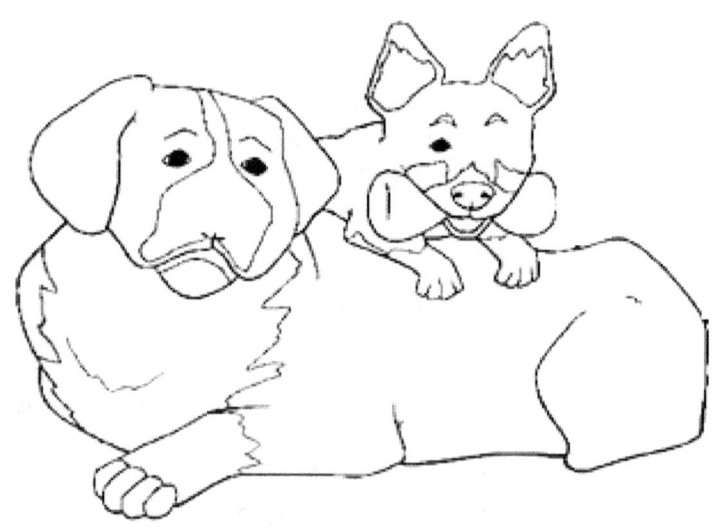

UNISCI I PUNTINI

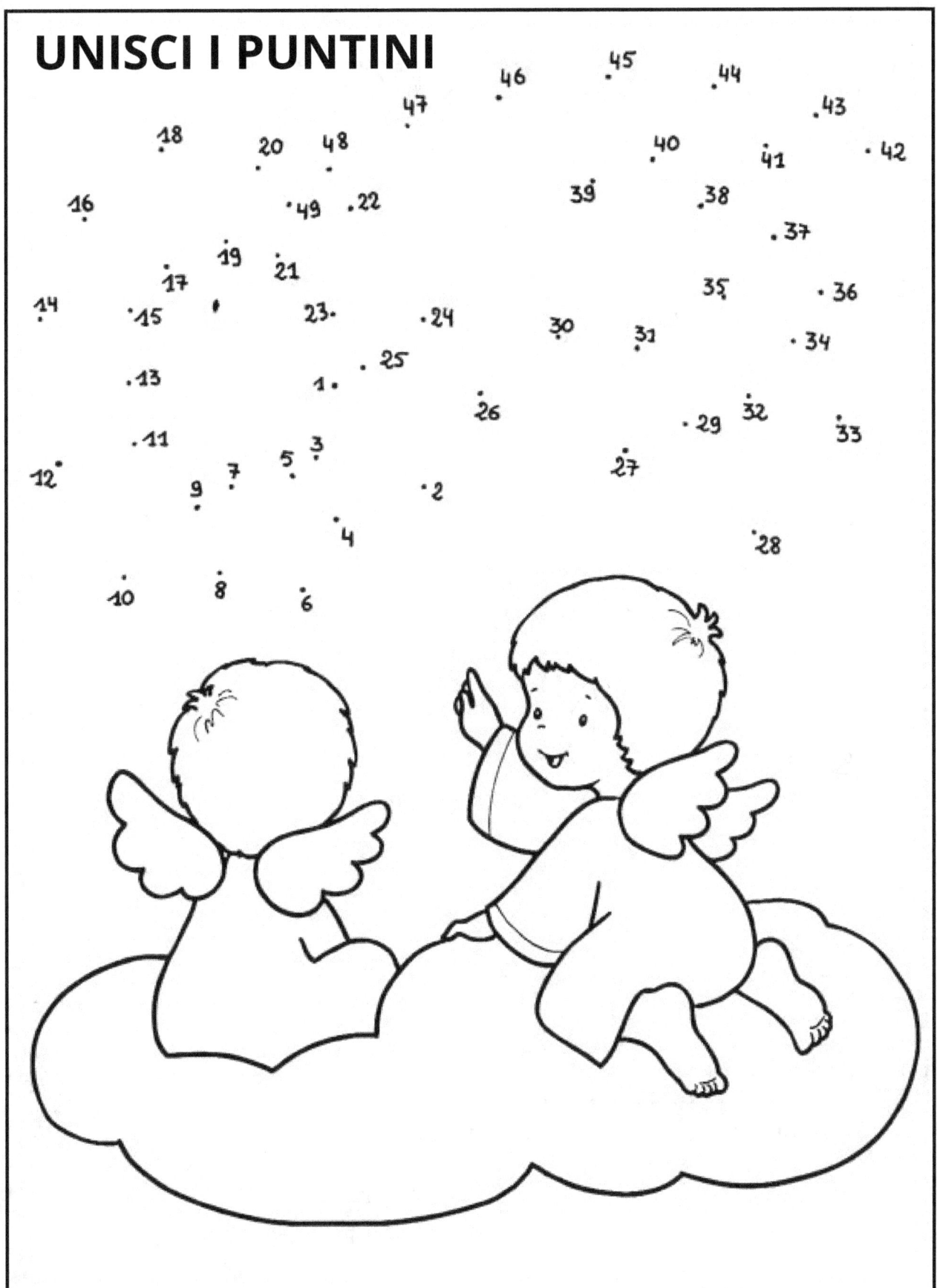

CRUCIPUZZLE

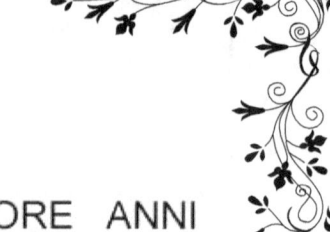

A	A	N	I	C	N	I	C
S	U	F	A	M	O	R	E
E	R	G	F	E	M	O	N
R	M	I	U	E	E	O	A
P	U	T	S	R	T	N	E
R	S	E	E	O	A	T	E
O	I	S	R	S	A	R	O
S	C	T	T	S	A	R	E
D	A	R	I	I	E	R	R
O	I	R	G	I	A	P	A
L	E	O	S	L	R	R	T
C	L	N	A	O	U	E	T
E	E	G	F	T	O	P	E
P	E	U	I	T	L	A	H
R	M	N	O	E	I	R	C
O	N	R	C	I	F	A	C
A	I	O	C	L	I	R	A
T	C	S	H	G	O	E	P
A	A	S	I	I	R	E	M
D	B	A	M	B	I	N	I

AFFETTO   AMORE   ANNI

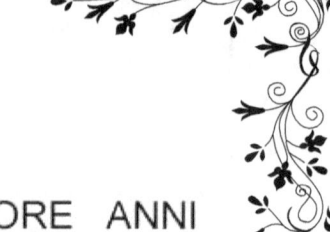 AUGURARE   BACI   BAMBINI

BIGLIETTO   CENA   CINCIN

DATA   DOLCE   ELOGIARE

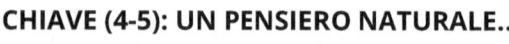 FIOCCHI   FIORI   GITE

IMPACCHETTARE   MUSICA   NASTRI

NOME   PENSIERO   PREPARARE

PROFUMO   REGALARE   RISATE

RUOLI   SERE   SORPRESA

TORTA

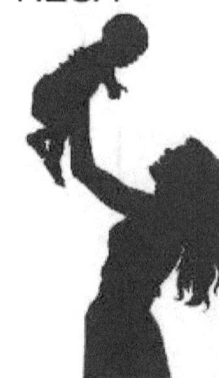

CHIAVE (4-5): UN PENSIERO NATURALE...

PENSIERO LATERALE

La maestra vuol far divertire i suoi alunni.
Mette una caramella sopra alla cattedra e
la nasconde mettendoci sopra un cappello.
Ad un certo punto, prende la caramella, la
mangia a dice agli alunni che con un semplice
gesto la caramella sarà di nuovo sotto al
cappello. Come fa?

INDICAZIONI UTILI
1) Usa un'altra caramella? **NO**
2) Rigurgita la caramella? **NO**
3) Ha davvero mangiato la caramella? **SI**

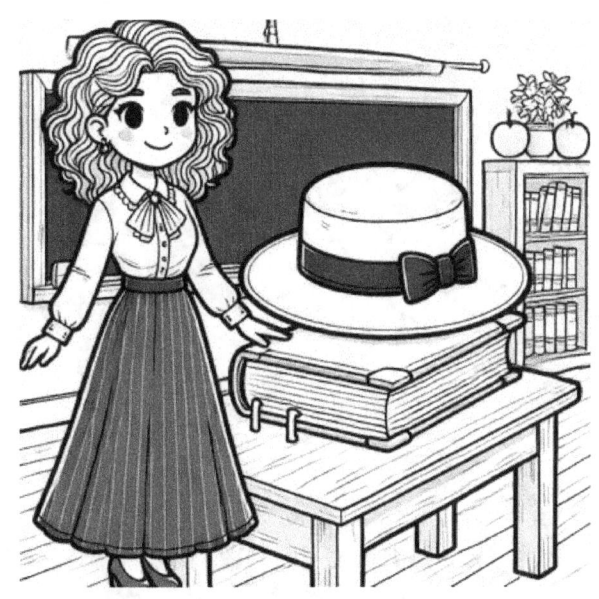

Soluzione: si mette il cappello in testa

Quale strada deve fare il cagnolinoper arrivare al suo osso?

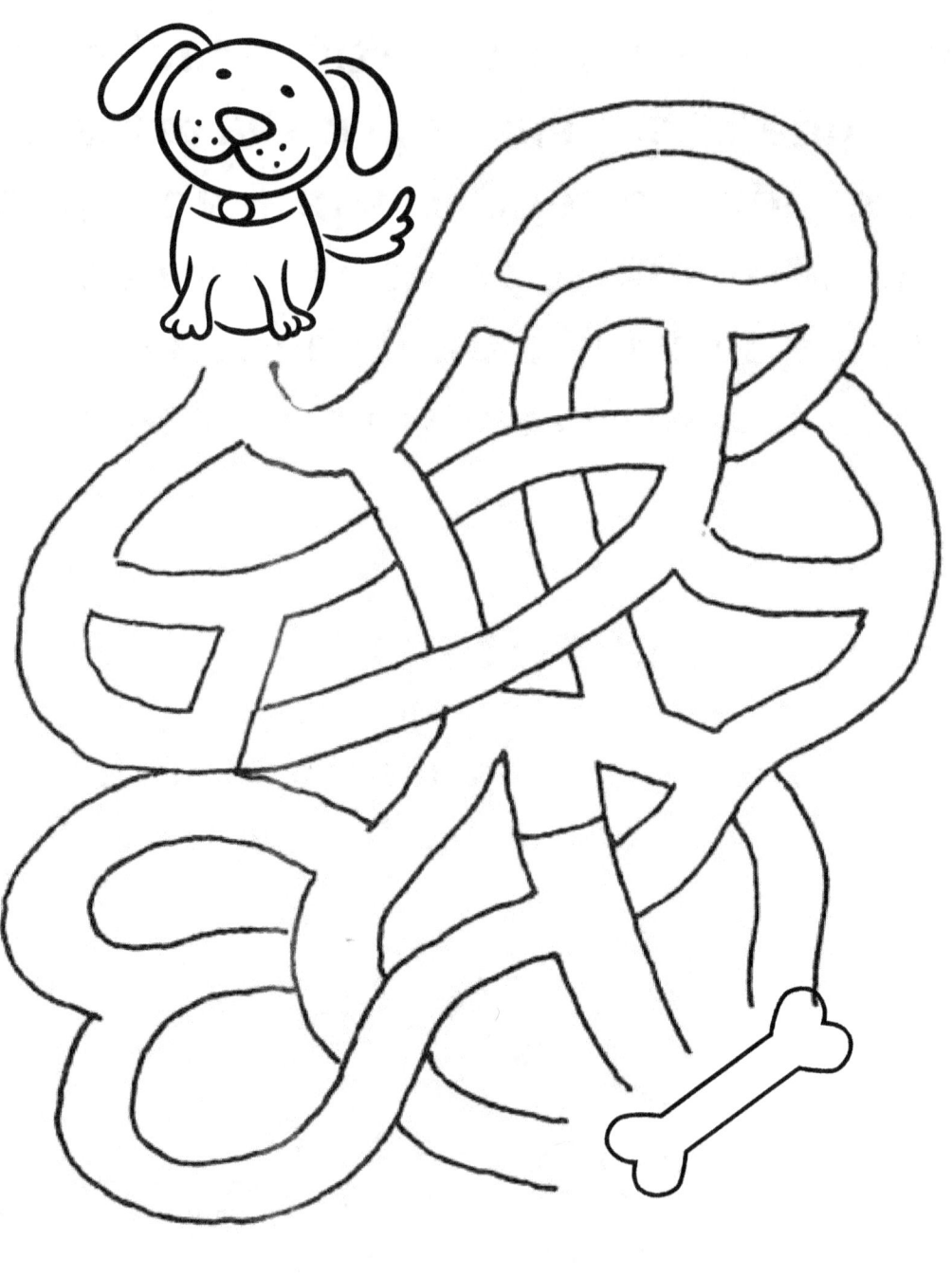

TROVA LE 8
DIFFERENZE

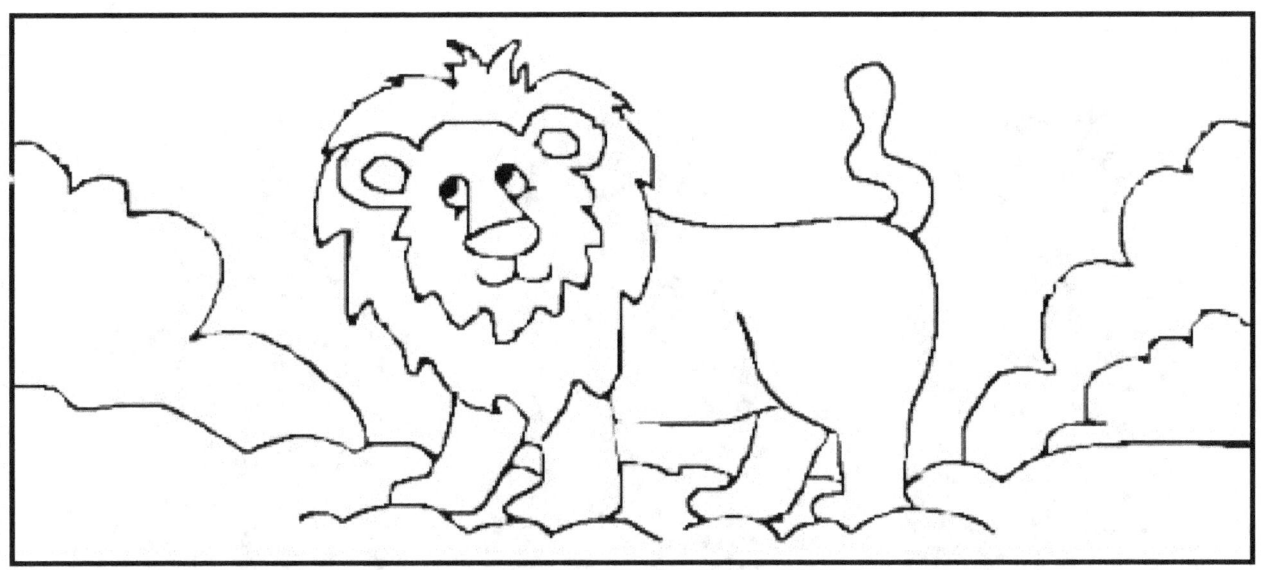

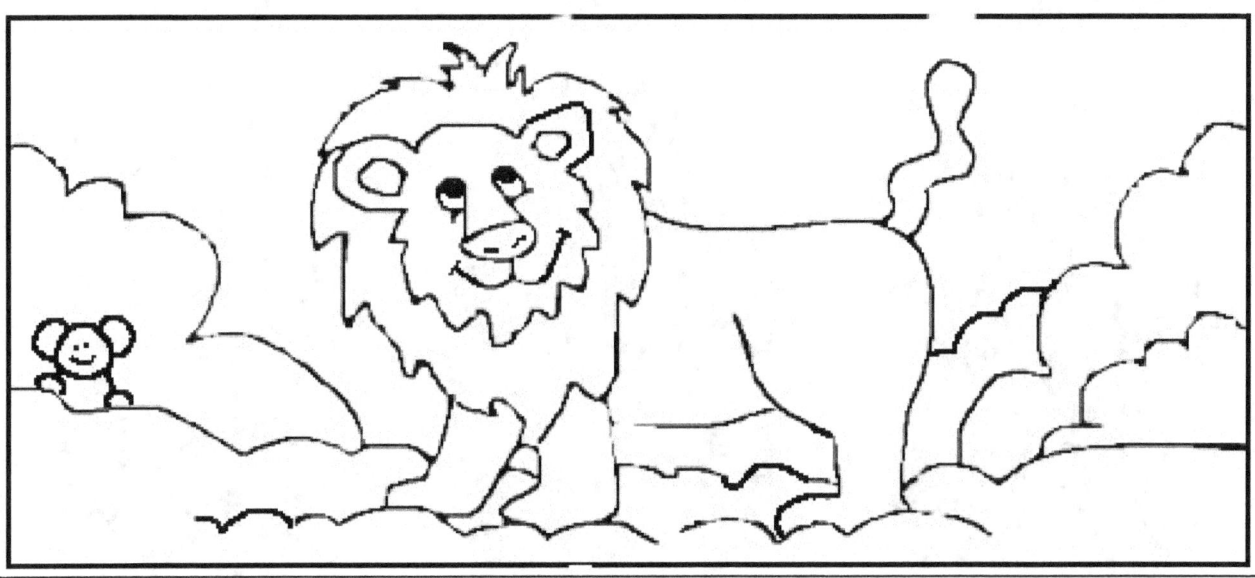

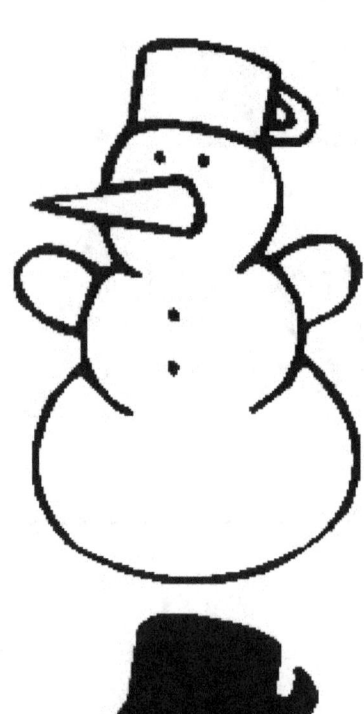

TROVA
L'OMBRA GIUSTA

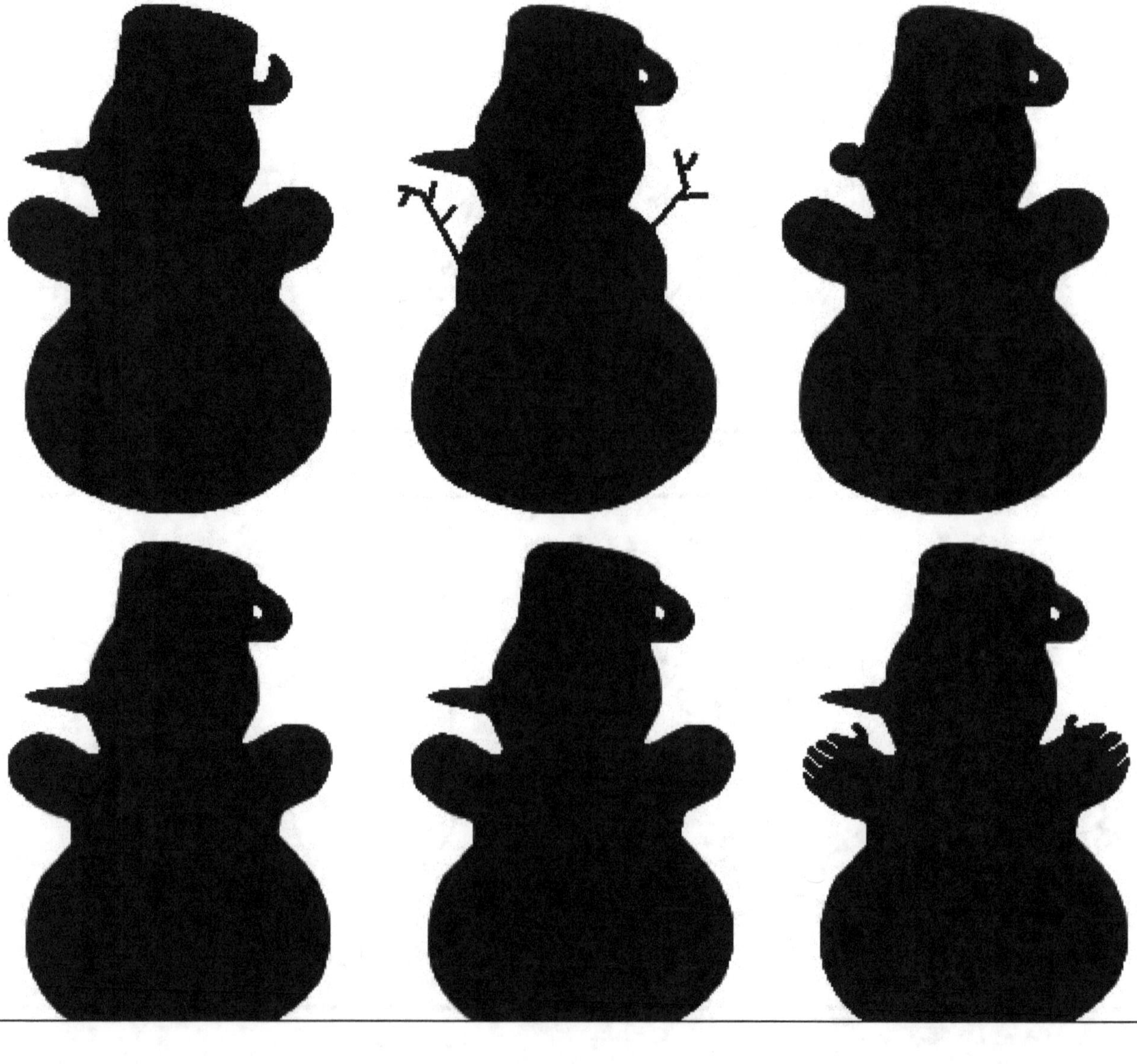